한국 상고사

환국

바이칼의 부르한 바위

바이칼의 부르한 바위

바이칼 알혼섬의 여관 지붕위에 보이는 새토템

바이칼 알혼섬의 여관 앞마당에 늘어서 있는 새 토템주들

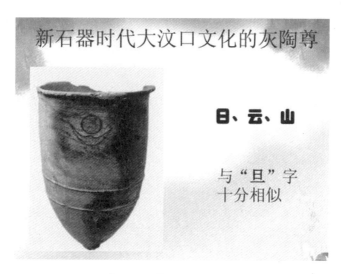

새김문자 新石器时代大汶口文化的灰陶尊

日、云、山

与 "旦" 字
十分相似

대문구문화 출토 도기 도화문자

대문구문화 출토 도기 도화문자

대문구문화 출토 도기 도화문자

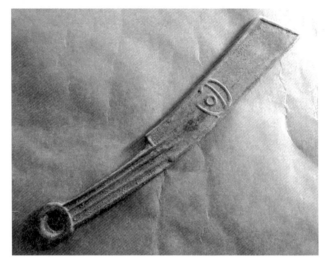

명도전

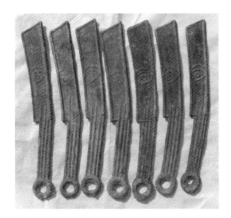

명도전

명도전 자료

바이칼호부근 마을 공동묘지의 밝족문양

바이칼호부근 마을 공동묘지의 밝족문양

단군을 닮은 게세르칸 조각상

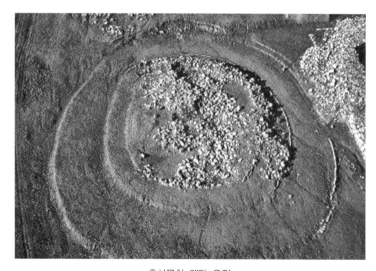

홍산문화 제단 유적

홍산문화 여신전 유적

홍산문화 여신상

홍산문화 적석총 유적

홍산문화 출토 중화 제1 옥룡

홍산문화 출토 옥저룡

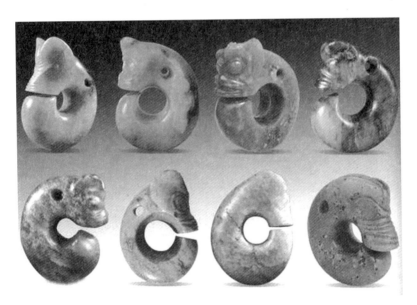

홍산문화 출토 여러 유형의 옥룡

소하연문화 출토 도기 도화문자

소하연문화 출토 도기 도화문자

수메르 설형문자

Ancient Egyptian Hieroglyphs

You can use hieroglyphs to spell your name. Cut out the symbols for your name and glue them to another sheet of paper. What else can you spell?

vulture a as in apple	**foot** b as in boy	**folded cloth** c, s, z as in cent, sit, zoo	**tethering rope** ch as in chair	**hand** d as in dog	**2 flowering reeds** e, y as in eat, silly you
horned viper f, v as in far, very	**jar stand** g as in girl	**reed shelter** h as in hello	**flowering reed** i, e as in it, end	**snake** g, j as in gym, jump	**basket with handle** c, k as in cat, kite
lion l as in lion	**owl** m as in man	**water** n as in new	**lasso** o as in old	**stool** p as in pig	**hill** q as in queen
mouth r as in rabbit	**pool** sh as in shout	**loaf** t as in toy	**quail chick** u, w as in ugly, water	**woman** no sound—used at the end of a name to tell if it was a man or a woman	**man**

이집트 상형문자

산동성 창락, 내몽골 적봉시 발굴 골각문자

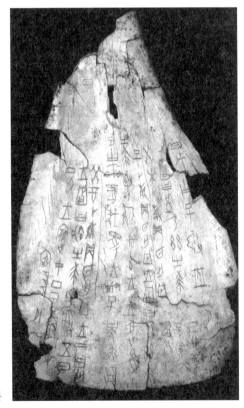

은허 갑골문

隸書　　篆書　　金文　　甲骨文　　骨刻文　　骨刻原圖

골각문 변천도

한자의 발달과정

요녕성 조양시에 있는 고조선 석성

한국상고사

환국

심백강 지음

바른역사

인류가 지구상에 생존하면서 역사를 써내려간 것은 언제부터일까. 문자와 도시와 국가의 출현을 기준으로 그 이전을 선사시대, 이후를 역사시대로 간주하는 것이 일반적인 상식이다.

지금 우리는 메소포타미아의 가장 남쪽 부분, 현재의 이라크남부지역에 있던 고대국가 수메르에서 5,000년 전 출현한 문명이 인류 최초의 문명이라고 믿고 있다. 서구의 지중해 부근에서 인류의 문명이 탄생하고 역사가 시작되었다고 보는 것이다.

그러나 고고학의 발달과 함께 동양의 지중해인 발해유역에서 발굴된 홍산문화가 그 연대가 8,000년 전까지 올라감으로 인해서 서구의 지중해 이라크 남부지역에서 발생한 수메르문명보다 동양의 지중해 발해문명이 시기적으로 앞서 있다는 사실이 증명되어 가고 있다. 다만 그동안 인류문명의 새벽을 연 홍산문화를 창조한 주역이 누구인지 베일에 가려져 있었고 중국은 그것을 한족의 원류문화로 둔갑시키기 위해 정부차원에서 국력을 기울여 적극적으로 시도하였는데 그것이 바로 동북공정이다.

동양의 지중해인 발해유역의 산동반도, 요동반도, 한반도를 무대로 한 첫 통일국가가 발해조선이고 발해조선은 하루아침에 창조된 것이 아니라 환인, 환웅의 환국을 시원으로 하여 이룩된 것이다.

내몽골 적봉시의 홍산문화유적에서는 천제단, 여신전, 적석총, 도화문자 등 건국을 상징하는 여러 유물, 유적들이 발굴되었는데 필자는 만리장성 너머 동양의 지중해 발해 북쪽에서 꽃핀 홍산문화는, 2,000년 전 유방劉邦의 건국을 계기로 탄생한 중국의 신생민족인 한족과는 전혀 관계가 없으며, 한국의 상고사에 해당하는 환국시대에 한국인의 조상인 밝족이 꽃피운 문화유산이라고 확신한다. 이 책은 바로 그러한 환국 밝족의 상고사를 문헌학적으로 고고학적으로 증명하기 위해 집필한 것이다.

『삼국유사』에 의하면 환웅이 아버지 환인의 명을 받들어 태백산에 내려와 홍익인간을 건국이념으로 하여 신시神市를 세웠다고 하였다. 『삼성기전』에서는 환인천제가 환국을 세웠고 그 아들 환웅이 신시에 도읍을 정하고 나라 이름을 배달이라 했다고 말하였다. 그렇다면 우리의 시조는 단군이 아니라 환인이고 첫 국가는 고조선이 아니라 환국이다.

그런데 중국에 사대를 하던 조선조와 일본에 주권을 빼앗긴 대일항쟁시기에 고조선과 함께 이런 우리의 첫 국가 환국의 역사가 왜곡, 말살되었다. 환인, 환웅은 일본 천황의 조상신인 천조대신은 물론 사마천 『사기』에 한족의 시조로 등장하는 황제黃帝보다도 시기적으로 훨씬 앞서 있으므로 환인, 환웅으로 상징되는 환국의 역사를 인정하면 우리 한민족이 동아시아의 역사, 문화를 일군 주역이 되기 때문에 그래서 저들은 그것을 말살하는데 앞장섰던 것이다.

『삼국유사』에 인용된 문헌을 살펴보면 『단군기檀君記』가 2차례, 『신지비사神誌秘詞』가 1차례 언급되어 있고 또 『고려사』에도 『신지비사』이야기가 나온다. 이는 일연이 『삼국유사』를 저술하던 고려 말까지는 우리의 상고사 관련 문헌이 상당 부분 전해져왔음을 말해 준다.

뿐만아니라 조선왕조 『세조실록』에 『삼성기三聖記』, 『지공기誌公記』, 『고조선비사』와 같은 책 이름들이, 민간에서 수거하라고 하달한 정부의 공문서에 등장하는 것을 본다면 조선조 초기까지도 이런 책들이 민간에 유포되어 있었음을 짐작하기에 어렵지 않다. 그러나 오늘의 우리는 조상들이 손수 기록한 이런 귀중한 상고사 자료들을 직접 대할 수가 없고 단지 책 이름으로서만 접할 수 있는 것이 몹시 안타까울 따름이다.

우리의 상고사 관련 사료는 고구려때 당나라의 침략을 받았을 당시 상당 부분이 유실되었고 명나라의 간섭을 받던 조선조 때 많이 인멸되었으며 일본의 지배를 받던 식민통치 기간에 거의 다 말살되었다고 본다. 그 결과 현재 환인, 환웅의 환국과 단군 및 고조선에 관한 상고사 기록은 『삼국유사』, 『제왕운기』 등 부분적인 한국 문헌에서 일부 보이고 중국 고전에서는 쉽게 찾아지지 않기 때문에 강단 사학계에서는 이를 실재 역사로서 인정하기를 거부하고 선사시대의 사전사 또는 신화로 취급하고 있는 실정이다.

재야사학계에서는 소위 『환단고기』라는 사료를 통해 우리의 잃어버린 상고사 재정립을 위해 애쓰고 있으나 그러한 재야사서는 중국에는 없고 한국에만 있는 신빙성이 빈약한 사료라는 이유로 그 연구성과는 강단사학계로부터 제대로 된 평가를 받는데 실패하고 있다.

역사연구에 있어서 가장 중요한 것은 사료이다. 사료의 뒷받침이 없는 자료의 결핍 속에서는 어떠한 체계적인 역사연구도 불가능하다. 따라서 오늘 우리가 환국 및 고조선에 관한 상고사를 객관적이고 체계적으로 연구하기 위해서는 무엇보다도 국내, 외의 사료를 광범위하게 수집, 그것들을 종합, 분석, 평가하는 작업이 선행되어야 할 것이다.

그러나 우리는 그동안 재야와 강단을 물론하고 이러한 선행작업을 소홀히 해 온 점을 솔직히 시인하지 않을 수 없다. 왜냐하면 광복 76년이 지난 지금까지도 중국고전 중에 산재한 환국이나 고조선에 관한 사료를 체계적으로 수집 정리하는 작업을 제대로 시도한 적이 한 번도 없다는 사실이 그것을 잘 말해 주기 때문이다.

『사고전서四庫全書』는 청나라 건륭년간에 국력을 기울여 근 8만 권으로 편찬한 동양에서 규모가 가장 방대한 총서이다. 『사고전서』 안에는 선진시대로부터 청나라 전기에 이르기까지 역대의 주요 전적들이 거의 다 망라되어 있어 가위 동양 문헌자료의 보고라 해도 과언이 아니다.

1만 년의 빛나는 역사를 자랑하는 우리민족이 아직까지 역사의 뿌리를 바로 세우는 상고사 정립이 제대로 안 된 채 있다는 사실에 주목해온 필자는 이번에 『사고전서』 중의 한국상고사 관련자료 특히 『시경』에 나오는 "환국, 밝조선(桓發)" 자료와 『환단고기』 중의

『삼성기전』, 그리고 내몽골 적봉시에서 발굴한 홍산문화 유물, 유적 등을 참고하여 환국의 역사를 체계적으로 정리한 『한국상고사 -환국-』을 펴내게 되었다.

그러니까 중국의 고전자료와 한국의 재야사료, 내몽골 적봉시 홍산의 고고학 자료 등을 총망라하여 잃어버린 한국의 상고사 환국의 복원작업에 착수한 셈이다. 아마도 환국의 역사를 문헌학과 고고학의 힘을 빌어 한 권의 책으로 완성한 것은 우리 역사상 이번이 처음으로서, 고조선도 신화의 굴레를 씌워 실제 역사로서 인정하기를 거부하는 강단사학계로서는 큰 충격으로 받아들일 것이 뻔하다.

환국 밝족은 2,000년 전 유방이 중원에 한나라를 건국하기 이전, 5,000~6,000여년 가까운 세월동안 중국 역사무대에서 주역의 역할을 담당하였다. 러시아의 바이칼과 북경의 발해유역이 이들의 주요 활동무대였다. 그러나 한무제의 고조선 침략, 나당연합군에 의한 고구려, 백제의 멸망은 밝족이 중국대륙의 주역의 자리에서 객석으로 끌어내려지는 계기가 되었다.

신라 이후의 밝족은 중국 한족의 눈치를 보고 살아야하는 볼품없는 처지로 위치가 완전히 역전이 된 것이다. 그렇지만 1,000년 전 김부식이 생존했던 고려시대까지는 불가사서, 유가사서와 함께 우리민족을 중국 역사무대의 주역으로 그린 『삼성기』, 『고조선비사』 같은 선가의 많은 사서들이 보존되어 있었다.

그런데 사대주의자 김부식은 『삼국사기』를 저술하면서 중국의 눈치를 보느라고 발해를 끼고 앉아 중국을 호령했던 우리민족의 웅혼한 역사를 다룬 선가계통의 상고시대 역사서를 전혀 인용하지 않았다. 이것이 우리민족의 정사正史에서 환국과 밝조선의 역사가 사라지게 된 단초가 된 것이다.

이제 나는 중국의 눈치를 보지 않아도 되는 시대에 태어나서 우리의 조상들이 손수 쓴 고유한 선가의 사서인 『삼성기전』, 여진족 청나라 건륭황제가 중국문헌을 집대성하여 편찬한 세계 최대의 자료총서인 『사고전서』, 또 만리장성 너머 우리 조상들의 옛땅 내몽골 적봉시에서 발굴한 홍산문화 유적 등을 두루 참고하여 잃어버린 한국의 상고사 환국을 다시 되찾는 작업을 하게 되니 이는 실로 하늘이 나에게 베푼 특별한 은혜요 하늘이 부여한 사명이라 할 것이다.

나는 그동안 우리의 바른역사를 정립하기 위해 실로 많은 세월을 보냈다. 나의 일생 정력을 여기에 다 쏟아부었다고 해도 과언이 아니다. 그런데 『삼국사기』, 『삼국유사』만으로는 환인, 환웅의 환국이, 만들어진 신화인지 실제 역사인지, 고조선의 발상지가 대동강유역인지 발해유역인지, 한사군의 낙랑군이 한반도에 설치되었는지 대륙에 설치되었는지 알길이 막연했다. 내가 우리의 바른역사를 정립하는데 있어 무엇보다도 『사고전서』가 큰 힘이 되었다.

첫째 『사고전서』를 바탕으로 1,000년 전 북경 북쪽에 조선하, 북경 동남쪽에 조선성이 있었다는 기록을 찾아내 『산해경』에서 말한 "발해의 모퉁이에 조선이란 나라가 있었다"라는 기록이 허구가 아니라 사실임을 입증했다. 또 1,500년 전 남북조시대에 유신庾信이 쓴, 하북성 진황도시 창려현 출신 선비족 모용은慕容恩의 비문에서 "조선건국"이라는 네 글자를 발견하여 고조선의 발해건국을 입증했다.

이러한 내용을 정리하여 펴낸 책이 바로 『잃어버린 상고사 되찾은 고조선』이다. 나는 이 책을 통해서 우리가 잃어버렸던 발해유역의 발해조선의 역사를 되찾았다고 확신한다.

둘째 일제는 조선사편수회를 총독부 산하에 설치하고 실증사학을 강조하며 한국사 말살작업에 착수했다. 한국사를 압록강 안으로 축소시키기 위해 대동강낙랑설을 주장했다. 저들은 북경의 골동품 상가 유리창을 뒤져 거기서 몰래 유물을 사다가 대동강 토성리에서 발굴된 낙랑유물로 둔갑시키는 모험을 감행했다. 나중에 위조나 조작으로 밝혀진 낙랑봉니, 낙랑목간, 점제현신사비 등이 바로 일제가 당시 대동강낙랑설을 입증하기 위해 동원한 속임수들이다. 그러니까 저들은 식민통치의 수단으로 한민족의 민족혼을 말살시키기 위해 겉으로는 실증사학을 내세우면서 내용적으로는 철저하게 위증사학을 하였던 것이다.

신채호, 정인보선생 같은 민족사학자들의 한국사를 바로 세우기 위한 노력이 없었던 것은 아니지만 실증사학을 강조하며 낙랑유물을 내세우는 저들의 논리를 깨기에는 역부족이었다. 실증사학으로 포장된 위증사학인 식민사학 이론은 강단사학으로 계승되었고 광복후 저들 식민사학 추종자들이 강단의 주도세력이 되는 바람에 대동강낙랑설이 학계의 통설이 되어 교과서에 실려 오늘에 이르고 있다.

『사고전서 사료로 보는 한사군의 낙랑』은 바로 이 대동강낙랑설을 깨기 위해 저술된 책이다. 『사고전서』를 살펴보면 낙랑군이 대동강유역에 있었다는 대동강낙랑설은 이성계가 압록강 남쪽에 조선을 건국한 송나라 이후 명, 청시기에 만들어진 이론이다.

명나라때 속국이나 다름없던 조선을 얕잡아본 한족민족주의자 고염무가 처음 한반도 낙랑군설을 제기했고 그 뒤 고조우 등이 그 이론을 계승 발전시켰으며 일본이 낙랑유물을 위조하여 대동강낙랑설에 대못을 박아버렸다.

그러나 내가 『전한서』에서 찾아낸 한무제가 "동쪽으로 갈석산을 지나서 현도, 낙랑으로써 군을 삼았다.(東過碣石 以玄菟樂浪爲郡)"라는 내용이야말로 대동강낙랑설을 깨부수는데 있어 대포와 같은 기록이라고 본다.

한무제가 설치한 한사군이 만일 한반도에 있었다면 왜 백두산이나 청천강이 아닌 하북성의 갈석산이 등장하겠는가. 한무제가 갈석산을 넘어와 그 부근에 낙랑군을 설치했다는 이보다 더 확실한 증거가 어디 있겠는가. 『사고전서 사료로 보는 한사군의 낙랑』은 『사고전서』의 자료에 근거해서 일제가 대동강유역에 박아놓은 낙랑이라는 대못을 뽑아버린 작업인 것이다.

셋째 현재의 한국사는 환국, 고조선이 뒤틀려져 있어 출발부터 기형이다. 첫 단추가 잘못 끼워져 있으므로 그 밖에 부여, 고구려, 백제, 신라의 고대사가 전부 뒤틀려 있다. 이것을 바로 잡기 위해 나온 책이 『교과서에서 배우지 못한 우리역사』이다.

여기서 우리가 잃어버린 하북성 남쪽 호타하지류 예하유역에 있었던 요서부여, 하북성 평주에 수도가 있었고 형가荊軻의 역수가易水歌로 유명한 하북성 남쪽의 역수에서 당나라와 국경선을 마주했던 요서고구려, 요서에 수도가 있었던 요서백제, 길림성을 차지했던 요서신라, 신라 김씨 왕족의 후손으로 금나라의 시조가 되었던 김함보의 이야기 등을 다루었다.

그동안 『사고전서』 사료를 바탕으로 발해조선, 갈석산낙랑, 요서고구려, 요서백제는 물론 요동군과 갈석산의 위치, 만리장성의 동쪽 끝 등 고조선으로부터 신라에 이르기까지 한국고대사의 풀지 못했던 기본 난제들을 하나하나 해결할 수가 있었다.

그러나 고조선 이전 환국의 잃어버린 상고사를 어떻게 되찾을 것인가 하는 것이 마지막 숙제로 남아 있었다. 고조선까지는 『사고전서』 자료를 통해 사대, 식민사관이 망쳐놓은 것을 어느 정도 원상복구 시킬 수가 있었지만 고조선 이전의 상고사 복원은 참으로 어려운 과제가 아닐 수 없었다.

오랜 고민과 노력 끝에 이번에 우리 고유의 선가사서, 중국의 『사고전서』, 내몽골 자치구의 홍산문화 유적 등 고고자료와 문헌자료를 두루 참고하여 한국상고사 환국의 역사를 다시 되찾는 작업까지 마무리하게 되니 나의 한국사 복원작업은 일단락이 되는 셈이다. 참으로 감개가 무량하다. 이제는 교과서를 개정하는 일만 남았다고 할 것이다.

돌이켜보면 우리 한국인은 그동안 국조 단군을 우상으로 폄훼하고 자신의 뿌리를 스스로 인정하지 않는 어찌 보면 패륜아나 다름없는 행위를 해 왔다고 해도 과언이 아니다. 이는 순전히 사대, 식민사관의 악영향에서 연유된 것이었는데 이제 『한국상고사 – 환국 – 』을 마무리하고 나니 조상들에 대한 패륜아 신세를 면하게 되는 것이 아닌가 싶어 몹시 위안이 된다.

19세기 대표적인 역사학자 랑케는 "로마 이전의 모든 역사는 로

마로 흘러들어갔고 로마 이후의 모든 역사는 로마로부터 흘러나왔다"라고 말하였다. 이는 로마가 서양사의 중심축이었다는 것을 의미한다. 나는 "환국 이전의 모든 역사는 환국으로 흘러들어갔고 환국 이후의 모든 역사는 환국으로부터 흘러나왔다."라고 믿는다. 환국이 동아시아 역사문화의 원류이자 중심축을 형성했다고 보는 것이다.

이제 환국에 대해 첫선을 보이는 본서를 디딤돌로 삼아서 앞으로 우리 후학들의 환국 역사에 대한 보다 더 향상되고 진전된 연구가 계속되기를 바라는 마음 간절하다.

끝으로 이번의 상고사 연구 작업을 성원하고 지원해주신 엄재목 회장님, 심수화님, 심학섭님, 심명보님께 이 자리를 빌어 깊은 감사의 마음을 표한다.

2021년 10월 3일 개천절에
가을 단풍이 곱게 물든 용문산 자락에서
심백강은 쓴다

| 차 례 |

나는 왜 잃어버린 상고사를
다시 찾아 나섰는가

1. 불가사서, 유가사서 이외에 새로운 선가仙家사서의 등장

2. 1,960~70년대 이후 발해유역에서 발굴된 새로운 고고유물들

3. 고고유물의 새로운 발굴과 선가사서의 사료적 가치 고고학적 입증

4. 『사고전서四庫全書』 자료의 새로운 발굴과 선가사서의 사료적 가치
   문헌학적 입증

5. 새로 발굴된 자료를 바탕으로 한국 상고사를 새롭게 정립할 필요성이
   대두되었다

1. 불가사서, 유가사서 이외에 새로운 선가仙家사서의 등장

우리나라에는 예로부터 3가지 계통의 사서가 있었다고 본다. 불가계통의 사서, 유가계통의 사서, 선가계통의 사서가 그것이다. 불가계통의 사서는『삼국유사』로 대표되고 유가계통의 사서는『삼국사기』로 대표되며 이 양대 사서가 한국상고사의 쌍벽을 이루는 고대사 사료로 인정되고 있다.

선가 계통의 사서란 무엇을 말하는 것이며 그것이 전해왔다는 근거는 어떻게 증명할 수 있는가. 최치원이 난랑비鸞郎碑 서문에서 밝힌 바에 의하면 "우리나라에는 유,불,도 삼교를 포함하는 풍류도風流道가 있었고 그 도가 설립된 자세한 내용은『선사仙史』에 상세히 실려 있다."라고 하였다.

여기서 최치원이 말한『선사』란, 평양을 가리켜서 "선인 왕검이 거주하던 곳이다(仙人 王儉之宅)"라고 김부식이『삼국사기』에서 언급한 것에 비추어보면 단군왕검을 비롯한 밝조선의 역대 선인仙人들의 발자취를 기록한 책이 아닐까 여겨진다.

밝조선의 단군왕검을 위시하여 역대 선인들의 역사를 기록한『선

사』가 바로 선가계통의 사서였다고 여겨지는데 그러한 선가계통의
서적들이 밝조선을 거쳐 신라를 지나 후세에까지 전해져 왔다는 것
을 어떻게 증명할 수 있는가.

조선왕조 『세조실록』의 다음 기록이 그것을 증명해주고 있다.
세조는 3년(1,457) 5월26일 팔도의 관찰사들에게 이런 지시를 하달
했다.

> "『고조선비사古朝鮮秘詞』, 『대변설大辯說』, 『조대기朝代記』, 『주남일
> 사기周南逸士記』, 『지공기誌公記』, 『표훈삼성밀기表訓三聖密記』, 안함
> 로安含老 원동중元董仲『삼성기三聖記』, 『도증기道證記』, 『지리성모하
> 사량훈智異聖母河沙良訓』, 문태산文泰山 왕거인王居人 설업薛業 등『삼
> 인기록三人記錄』, 수찬기소修撰企所 1백여 권과『동천록動天錄』, 『마
> 슬록磨蝨錄』, 『통천록通天錄』, 『호중록壺中錄』, 『지화록地華錄』, 도선
> 道詵『한도참기漢都讖記』 등의 문서는 사처私處에 간직해서는 안되니,
> 만약 간직한 사람이 있으면 진상하도록 허락하고, 자원하는 서책을
> 가지고 회사回賜할 것이다. 그것을 관청, 민간 및 사사寺社에 널리
> 알리라."

여기 등장하는 책들은 지금은 하나도 전해지지 않는다. 그러나
국가에서 책 이름을 적시하여 전국에 수거령을 내린 것을 본다면 당
시 민간에서 광범위하게 유전된 책임을 알 수 있다. 즉 조선조 세조
이전까지는 이러한 책들이 민간에서 자유롭게 읽혔던 책임을 말해
주는 것이다.

지금 그 책들이 실재하지 않아서 정확한 내용은 파악할 길이 없지만 『고조선비사古朝鮮秘詞』, 『대변설大辯說』, 『조대기朝代記』, 『주남일사기周南逸士記』, 『표훈삼성밀기表訓三聖密記』, 안함노 원동중 『삼성기三聖記』 등의 책 이름에서 우리의 상고사를 다룬 선가계통의 책이라는 것을 어렵지 않게 짐작할 수 있다.

이런 선가계통의 책들이야말로 중국인의 눈이나 일본인의 눈으로 우리역사를 바라보지 않고 사대 식민사관을 벗어나 우리 눈으로 우리역사를 바라보고 기록한 진정한 우리 조상들의 혼이 담긴 역사서였을 것이라 여긴다.

우리나라가 고려때까지는 중국의 눈치를 크게 의식하지 않아도 되었기 때문에 이런 자주적인 사관에 입각해서 대륙의 지배자, 발해유역의 주인으로서의 한민족의 존재에 대해 기록한 역사책들이 민간에서 널리 읽혀졌던 것이다. 그러나 이성계의 조선에 이르러서는 상황이 급변했다. 중국의 눈치를 살피고 간섭을 받는 입장이 되었다. 그래서 조정에서는 대륙을 누비던 우리 조상들의 기록이 중국에 흘러 들어가 황제의 비위를 거스를까봐 노심초사하며 이런 선가계통 사서에 대해 수거령을 내렸고 따라서 민간에서 자취를 감추게 되었다.

하지만 수백년동안 전국에서 백성들이 읽던 우리 역사서가 비록 국가에서 공식적으로 독서를 금지한다 하더라도 어떻게 씨를 말릴 수 가 있었겠는가. 마치 박정희대통령시대에 마르크스 서적을 금서로 취급하니까 지하에서 몰래 숨어서 읽었던 것처럼 선가의 역사서들도 필시 지하로 숨어들어가 몰래 전해지며 읽혀지게 되었을 것이다. 그러다가 조선조가 망하고 일제가 망하고 대한민국이 건국된 다음에 이런 지하에 숨겨져 있던 선가계통의 사서들이 나타나게 되었는데 그것이 『환단고기』라는 이름으로 세상에 모습을 드러낸 책이라고 본다.

그러나 그것은 여러 사람의 손을 거쳐서 어렵게 전해지며 지하에 꼭꼭 숨겨져 있다가 불과 100년전 어느날 별안간 나타난 것이기 때문에 이것이 실제 우리의 조상들이 손수 기록한 우리의 진정한 역사서라고 믿을 사람은 많치 않다. 또 필사본으로 전해지면서 후인의 개작이나 첨삭의 흔적도 없지 않기 때문에 실증사학에 훈련된 강단사학은 그것을 사서로 인정하기를 거부하고 위서로 단정하고 있다.

나는 여기서 『환단고기』의 진위를 말하기 앞서 불경에서 하나의 예화를 인용하고자 한다. "부자집 어린 아들이 난리를 만나 유리걸식하는 거지신세가 되었다. 자신이 부자집 아들이라는 사실을 꿈에도 생각해 본적이 없는 그가 어느날 자기집에 구걸하러 가게 되었다. 그에게 네가 이 집의 주인이라고 해도 곧이 듣질 않았다. 차츰 머슴살이부터 시작하여 나중에 그가 이집의 주인이라는 것을 알려주고 살림을 물려 주었다."

『환단고기』가 세상에 나온 것은 백년을 넘지 않는다. 또 중국이나 일본에는 없고 한국에만 있는 『환단고기』가 우리 고유의 선가계통의 사서임을 입증해줄 방도를 찾기는 쉽지 않다. 그래서 지금 『삼성기전』, 『단군세기』, 『북부여기』, 『태백일사』가 제도권 사학으로부터 위서로 평가 절하되고 『환단고기』의 사료적 가치를 주장 하는 사람들은 사이비사학으로 매도당하는 추세에 있다. 그러나 『환단고기』가

위서가 아니라 선가사서로서 가치를 지닌다는 것이 시간이 흐를수록 문헌적 고고학적으로 뒷받침되어 가고 있다. 아래에서 그것이 어떻게 입증이 되는지 설명해보기로 한다.

2. 1,960~70년대 이후 발해유역에서 발굴된 새로운 고고유물들

발해유역은 산동반도, 요동반도, 한반도를 통틀어 이르는 말이다. 이 지역은 지금은 산동반도, 요동반도가 중국의 영역으로 귀속되어 있지만 역사 상에서는 우리 한민족의 주요한 활동무대였다. 현재는 중국대륙에 한족 정권이 들어서서 북경을 수도로 정하고 있지만 사실 저들 한족들의 활동중심은 본래 서방의 황토고원이었고 나중에 차츰 동쪽 방향으로 진출하여 섬서성의 화산과 위하유역 일대에서 생활하였다.

지금으로부터 3,000년~4,000년 이전에는 만리장성 너머 홍산문화가 발견된 내몽골 적봉시, 요녕성의 요서지역은 물론, 하북성의 남장두유적, 배리강유적, 자산문화유적, 산동성의 후리장문화, 북신문화, 대문구문화, 용산문화, 악석문화 등이 발굴된 발해만 유역은 모두 동이민족이 활동하던 터전이었다.

산동반도 요동반도는 역사상에서 동이족 특히 새를 토템으로 했던 우리 한민족의 조상 조이족鳥夷族들이 토착하여 살던 지역이므로 이곳에서 발굴된 유적들은 당연히 한국상고사 상에서 다루어야 하는데 지금 모두 중국사에 포함시켜 한족의 역사로 취급되고 있는 것은 역사의 진실에 반하는 것이다.

1,920년대 중국의 고고학 초기에는 주로 황하 중, 상류의 중원지역을 발굴대상으로 삼았고 거기서 발굴된 앙소문화가 중국을 대표하는 황하문명으로 인식되었다. 그러나 1,960~70년대 이후 중국의 고고학이 발달하여 발굴범위가 중원이 아닌 동북방의 발해유역으로 확대되었고 거기에서 대문구문화, 홍산문화를 비롯하여 중원의 황하문명을 훨씬 능가하는 수많은 선진문명 유적들이 발굴되었다.

발해유역에서 발굴된 이러한 문명의 유적들은 우리 밝달민족이 대륙의 주인으로서 활동할 때 창조한 동이문명이지 서방 화하족의 문명이 아니다. 따라서 이는 당연히 중화의 역사에서 다룰 것이 아니라 한국의 상고사에서 다루어야하고 그래야만 중국의 고대사, 동아시아의 상고사의 맺힌 고리가 풀리게 된다

3. 고고유물의 새로운 발굴과 선가사서의 사료적 가치 고고학적 입증

선가사서로 여겨지는 『삼성기전』, 『단군세기』, 『북부여기』, 『태백일사』가 다루고 있는 내용들은 우리민족의 역사무대를 압록강 남쪽이 아닌 압록강 서쪽 대륙으로 설정하고 파미르고원 천산으로부터 시작하여 바이칼을 지나 발해유역에 이르는 찬란한 역사를 장대하게 그리고 있다.

간단한 예를 하나씩만 들어보면 승려 일연의 『삼국유사』에서는 환인을 불교의 제석천으로 해석하여 신화적 해석의 단초를 연 것과 달리 『삼성기전』에서는 환인을 천산 아래서 환국을 건국하여 바이칼 동쪽에 12분국을 거느린 환인씨로 해석하였다.

사대주의자 김부식의 『삼국사기』에서는 단군조선을 아예 언급조차 안한 것과 달리 『단군세기』에서는 지금의 하북성 북경 일대가 고조선의 강역이었고 강소성 회하유역과 산동성 태산 일대는 고조선의 제후국이었으며 중앙정부 외에 지방에 분조를 두어 다스렸는데 그것을 감독하는 일을 순임금이 담당했다고 기록하고 있다.

이런 내용들은 그동안 그것을 뒷받침할 수 있는 근거가 부족했기 때문에 모두 황당한 국수주의자의 잠꼬대 정도로 치부되었다. 누구도 그것을 사실로서 받아들이려 하지 않았다. 그러나 하북성의 남장두유적, 내몽골 적봉시의 흥륭와, 사해, 홍산문화 유적, 요녕성의 신락유적, 산동성의 후리문화, 북신문화, 대문구문화, 용산문화 유적은 시간적으로 볼 때 5,000년~6,000년 이전의 신석기시대에 속하는 문화유적이다.

이들 유적은 모두 발해연안에서 발굴된 신석기시대의 문화유적인데 이 시기 이 지역에서 활동한 민족은 누구인가. 황토고원을 중심으로 생활하던 화하족이 발해연안으로 진출하여 국가를 세운 것은 은나라를 멸망시키고 중원의 지배자로 등장한 약 3,000년 전후인 서주시대부터이다. 3,000년 이전에 발해연안의 하북성, 산동성, 요녕성 등지에서 대대로 터전을 이루고 살며 홍산문화, 신락문화, 대문구문화와 같은 찬란한 유적을 남긴 주역은 동이민족이었고 그들이 세운 국가가 환국, 밝조선이었으며 환국의 뿌리를 거슬러 올라가면 천산과 바이칼에 기원을 두고 있었던 것이다.

역사상에서 한족의 조상들이 신석기시대에 서방의 황토고원을 떠나 동북방에서 생활했다는 기록은 어디에서도 발견되지 않기 때문에 지금 발해연안에서 발굴된 신석기시대 문화는 사실상 중국에서 무주공산처럼 주인이 없는 문화로 취급되어 있는 실정이라 해도 과언이 아니다. 그런데 『삼성기전』과 『단군세기』에서 말하고 있는 환국과 고조선이, 발해연안에서 발굴된 고고유적과 그 연대와 시기, 민족과 국가에 대한 내용이 정확히 맞아떨어진다는 사실에 주목할 필요가 있다.

예컨대 후리, 북신, 대문구, 홍산문화유적은 환국의 기록과 부합되고 하가점하층, 용산, 악석문화 유적은 발해조선의 기록과 일치하는 것이다. 특히 중국문명의 기원을 황하문명에서 요하문명으로 물꼬를 돌려놓는데 결정적인 작용을 한 요서의 흥륭와 사해문화, 내몽골 적봉시의 홍산문화의 발굴은 사료 부족으로 벽에 부딪친 한국상고사 연구에 새로운 활력을 불어넣었다.

사마천은 『사기』 황제본기에서 치우를 황제헌원에게 사로잡혀 죽은 패자로 묘사했지만 『삼성기전』에서는 치우천왕을 배달국의 14세 환웅으로서 병기를 최초로 개발하고 강역을 널리 확대한 동북아시아의 위대한 영웅, 황제헌원을 사로잡아 신하로 만든 승리의 화신으로 기술하고 있다.

홍산문화의 주역을 환국의 치우천왕으로 간주할때만이 신비에 가려진 5,000년전 신비왕국의 홍산문화는 실체가 밝혀진다. 발해유역의 고고유적 발굴을 통해 선가계통의 사서 내용이 하나하나 사실로 입증되어 가고 있는 것이다.

4. 『사고전서四庫全書』 자료의 새로운 발굴과 선가사서의 사료적 가치 문헌학적 입증

국내 강단사학계에서 위서로 폄하되어온 선가사서의 사료적 가치가 고고학적으로만 입증되는 것이 아니다. 문헌적으로도 하나 둘 실증되어 가고 있다. 예컨대 『삼국사기』는 한사군의 낙랑군이 대동강유역에 있었다고 말하였다. 그리고 『삼국유사』의 내용만으로는 기록이 너무 간단하기 때문에 단군조선의 강역이 대륙을 포함하였는지 압록강유역에 국한되었는지 알길이 없다.

그러나 『사고전서』를 살펴보면 이씨조선이 압록강 남쪽에 건국되기 이전인 송대의 사서들에는 고조선이라는 나라가 발해의 모퉁이에 있었고 낙랑은 갈석산 부근에 설치되었음을 입증하는 여러 기록들이 나타난다. 『사고전서』의 『무경총요』를 통해 밝혀진 북경시 북쪽의 조선하朝鮮河, 『태평환우기』에 나오는 하북성 동쪽 진황도시 노룡현의 조선성朝鮮城 기록은 발해조선의 실체를 입증하는 결정적인 자료가 되기에 충분하다.

특히 1,500년전 남북조시대에 대표적인 문인 유신庾信이 쓴 선비족 모용은의 신도비문에는 "조선건국"이라는 네 글자가 등장한다. 하북성 창려현 출신인 선비족의 비문에서 왜 "조선건국"이라는 말이 나오는가. 모용황의 후예로서 연나라시대 중국의 하북성 창려현 출신인 모용은의 비문에 "조선건국"이라는 기록이 나온다는 것은 고조선이 대동강유역이 아니라 발해만 부근에서 건국되었다는 사실을 입증하는 결정적 근거가 아니고 무엇이겠는가.

『삼국사기』, 『삼국유사』가 현재까지 한국의 상고사를 대표해온 두 책이다. 그러나 이 책만으로는 압록강 건너 대륙에서 펼쳐졌던 환국, 밝조선, 부여, 고구려, 백제, 신라의 잃어버린 역사를 증명해낼 방법이 없다. 그런데 『사고전서』의 자료를 통해서 『삼성기전』, 『단군세기』, 『북부여기』, 『태백일사』가 말하고 있는 한민족의 위대한 대륙 경영의 역사가 거짓과 날조가 아니라 사실임이 증명되고 있다.

『삼성기전』, 『단군세기』, 『북부여기』, 『태백일사』가 위서가 아니라 우리 조상들이 중국의 눈치를 보지 않고 자주적으로 기록한 우리 고유의 전통 선가사서라는 사실이, 세계가 그 권위를 인정하는 『사고전서』를 통해서 입증되는 기적과 같은 일이 벌어지고 있는 것이다.

5. 새로 발굴된 자료를 바탕으로 한국 상고사를 새롭게 정립할 필요성이 대두되었다

사대주의가 판을 치던 조선왕조, 식민주의 사관에 혈안이 되어 있었던 일제 강점기에 『고조선비사』, 『삼성기』, 『조대기』와 같은 우리의 민족혼이 담긴 역사서들은 일반 백성들이 마음놓고 읽을 수 없는 금서로 낙인이 찍혔다. 그래서 조선조 500년, 일제 35년 기간에는, 적어도 100년 전까지는 이런 선가의 사서들은 얼굴을 드러낼 수 없었고 따라서 지금 공식적으로 전해진 책은 단 한권도 없는 것이다.

광복 76년을 맞는 지금 우리는 사대, 식민사관을 타파하고 왜곡, 말살된 역사를 바로 세우는 것이 우리 민족에 당면한 최대의 시대적 과제이다. 역사를 서술함에 있어서 전통 불가 사서, 유가 사서와 함께 선가사서를 우리의 역사서로 받아들여서 새로운 한국사를 정립하고 이를 정설로 교과서에 반영해야한다.

한국인은 지금 한반도라는 좁은 땅덩어리를 무대로 살아가고 있지만 먼 옛날 한국인의 조상들은 천산과 바이칼에서 출발하여 수렵과 어렵과 농경이 동시에 가능한 천혜의 땅 발해연안으로 옮겨와서 9개 연방국가로 구성된 밝조선을 건국하고 드넓은 산동반도, 요동반도, 한반도를 누비며 생활했다. 그러므로 지금 한국사가 바로서기 위해서는 60~70년대 중국의 동북방에서 발굴된 고고유물의 연구성과, 또 최근 『사고전서』에서 새로 발견한 고조선을 위시한 고대사 자료들, 그리고 선가사서로 여겨지는 『삼성기전』, 『단군세기』, 『북부여기』, 『태백일사』 등을 역사 연구에 아울러 반영해야 한다.

본서는 이런 시대적 요구를 반영하여 한국의 전통 불가 사서, 유가 사서는 물론 새로 출현한 선가사서를 참고하고 또 나아가 중국 동북방 발해연안의 고고학 자료, 청나라 건륭황제 때 국력을 기울여 국가에서 편찬한 『사고전서』에서 새로 발굴된 문헌사료를 종합적으로 참고하여 한국의 상고사를 지금까지와는 전혀 다른 새로운 차원에서 재정립하고자 집필하는 것이다.

오늘날 한국인이 남북분단, 동서분열, 좌우대립 등 복합갈등 속에서 꿈을 잃고 방황하는 근본 원인은 바른역사를 잃어버렸기 때문이다. 사대사관의 역사, 식민사관의 역사, 영혼이 없는 잘못된 역사를 배웠기 때문이다. 중국인의 눈으로 바라본 사대역사, 일본인의 눈으로 바라본 식민역사가 아닌, 한국인의 눈으로 바라본 진정한 한국역사에 대해 서술하게 될 이 책은 한강의 기적 앞에 주저 앉아 갈 곳을 잃고 방황하는 한국인들에게 발해유역의 갈석산, 조선하를 향한 새로운 꿈과 용기와 희망을 가져다주게 될 것이다.

파미르의 천산, 바이칼, 발해만, 한반도에 이르는 장대한 역사를 써내려 온 한국민족의 상고사는 동북아사, 세계사와 맥을 같이 하기 때문에 이러한 한국사를 재정립하는 작업은 비단 한국사의 새로운 정립이라는 차원에서 의미가 있을 뿐만 아니라 아시아사, 세계사를 새로운 눈으로 바라볼 수 있는 계기도 아울러 마련해 주게 될 것이다. 그러나 이 책은 민족주의나 국수주의를 배제하고 하나에서 열까지 고고학과 문헌학에 기초하여 집필하게 될 것이며 근거가 없는 자의적 날조나 위조는 철저히 배격하게 될 것이다.

중국의 한족들은 다민족이 모여서 통일국가를 형성했기 때문에 뿌리로 올라가면 정체성이 흔들린다. 저들 한족의 역사는 사마천 『사기』를 위시해서 왜곡과 위조가 넘쳐나는 것은 이러한 이유 때문이다. 그러나 한국사는 시야를 가려온 사대, 식민사관의 눈가리개를 벗어던지고나면 고고학적 문헌학적 자료가 넘쳐나기 때문에 굳이 날조나 위조를 할 필요성이 없어진다. 단지 사료를 바로 인용하고 바로 해석하고 바로 서술하면 한국역사가의 임무는 그것으로 끝나는 것이다.

나는 한국 상고사를 새로 정립함에 있어서 우리민족을 미화하기 위해 다른민족을 폄훼하는 야비한 짓을 하지 않을 것이며 자료 해석을 자의적으로 하여 사실을 왜곡하는 일도 하지 않을 것이다. 사료의 정확한 해석과 공정한 결론을 생명으로 할 것이다.

나는 이책을 한국인만 보기를 원하지 않으며 세계인이 보기를 원한다. 나는 이책을 현대인만 보기를 바라지 않으며 미래의 인류가 함께 읽기를 바란다. 그러므로 이 책은 한점 부끄럼 없는 양심을 걸고 쓰고자 한다.

제1부

한국상고사, 사서해석의 오류와
사라진 『선사仙史』, 위서논쟁

1. 『삼국유사』에 나오는 환인, 환웅과 불가, 유가의 사서 해석상의 오류

현재 한국에서는 고조선을 상고사, 환인, 환웅을 선사시대로 다루는 것이 일반적인 상식이다. 그러나 한국의 상고사는 환인, 환웅시대이며 환인, 환웅시대 이전을 선사시대라고 보는 것이 나의 생각이다.

환인, 환웅에 관한 기록은 『삼국유사』, 『제왕운기』, 『세종실록』 지리지 등 우리나라의 여러 정통사서에 등장하는데 이에 대한 최초의 기록은 『삼국유사』에 나오는 다음 내용이다.

> "「고기古記」에 말하기를, '옛날에 환인桓因 — 제석帝釋을 말한다 — 이 있었는데 여러 아들 중의 한 아들인 환웅桓雄이 천하에 자주 뜻을 두고 인간세상을 탐하여 구하였다. 아버지가 아들의 뜻을 알고 삼위三危, 태백太白을 내려다보니 인간을 널리 이롭게 할 만 하였다. 이에 천부인天符印 세 개를 주며 가서 다스리게 하였다.'라고 하였다.(古記云 昔有桓因謂帝釋也 庶子桓雄 數意天下 貪求人世 父知子意 下視三危太伯 可以弘益人間 乃授天符印三箇 遣往理之)"

환인, 환웅은 일연의 『삼국유사』 고조선 조항에 처음 나오지만 환인과 환웅의 이야기는 일연이 살았던 고려시대 훨씬 이전부터 이미 전해져 내려온 것임을 알 수 있다. 이는 일연이 스스로 한 말이 아니라 「고기古記」 즉 옛 기록을 인용하여 그것을 설명하고 있기 때문이다. 그런데 일연의 『삼국유사』는 옛 기록을 그대로 인용하는데 그치지 않고 환인이라는 명사 밑에 "제석을 말한다(謂帝釋也)"라는 주석을 달았다. 즉 일연의 『삼국유사』에는 환인에 대해 "제석을 말한다(謂帝釋也)"라는 본래 「고기」에는 없는 자의적인 말이 추가되어 있는 것이다.

'제석'이란 무엇인가. 불교에서 사용하는 용어로서 '석제환인釋帝桓因'의 줄인 말이다. 이를 좀더 구체적으로 말하면 '석가제환인다라釋迦提桓因陀羅'가 된다. 범어에서 석가釋迦는 성姓으로서 능能 즉 능력을 의미하고 제환提桓은 천天 즉 하늘을 뜻하며 인다라因陀羅는 제帝 즉 천제天帝의 의미가 있다. 그러므로 '석가제환인다라釋迦提桓因陀羅'는 우리말로 풀이하면 '유능한 하늘의 제왕'이라는 뜻이 된다.

석가제환인다라釋迦提桓因陀의 의미를 한자로 요약하면 능천제能天帝, 또는 석천제釋天帝가 되는데. 이를 그렇게 표현하지 않고 제석帝釋, 또는 제석천帝釋天이라고 말하는 것은, 범어를 한자로 번역하는 과정에서 한자의 어순에 부합하도록 표현하다보니 범어의 원래 어순과는 달라지게 된 것이다.

불교에서 제석이란 불교의 호법신으로서 수미산 꼭대기 도리천에서 사천왕과 삼십이천을 통솔하면서 불법에 귀의하는 사람을 보호하고 아수라의 군대를 정벌한다는 하늘의 임금을 가리킨다. 불경에서는 석가모니가 태어날 때 제석천이 앞에서 길을 인도하였고 성도한 뒤에는 제석천이 부처의 수호신이 되었으며 부처가 도리천에 올라가서 어머니를 위하여 설법할 때에는 제석천이 부처의 시종侍從이 되었다고 말하고 있다.

일연은 고려때 국사를 역임한 승려이다. 그러므로 일연은 불교의 영향을 받아서 『삼국유사』를 저술할 때 우리민족의 시조설화가 담긴 「고기」를 인용하면서 거기에 적힌 환인桓因이 불교에서 말하는 '석제환인釋帝桓因'과 용어가 유사하자 이를 불교의 제석환인 즉 제석천으로 주석한 것이다. 그러나 부처의 시봉을 들던 제석환인을 우리민족의 시조 환인으로 해석한 것은 어디까지나 승려인 일연의 불교적 관점일 뿐이다.

다만 우리가 여기서 유념할 것은 『삼국유사』 최초의 판본이 언제 간행되었으며 어떻게 전해졌는지 분명하지 않다는 것이다. 그동안의 자료들을 검토해볼 때 고려시대에 일연의 제자들에 의해 처음 간행되었을 것으로 추정되나 고려 때의 판각본은 남아 있지 않고 현재 전하는 것으로 가장 오래된 판본은 조선조 중종 7년(1512년) 경주 부윤 이계복(李繼福)이 주관해서 간행한 정덕본(正德本)이 전할 뿐이다.

따라서 현재 전하는 『삼국유사』에 환인이라는 명사 밑에 "제석을 말한다(謂帝釋也)"라는 주석이 덧 붙여져 있는 것은 일연이 직접 쓴 것이 아니라 제자들에 의해서 또는 뒤에 사대주의가 판을 치던 조선조에서 판각할 때 추가된 내용일 수도 있다는 생각을 해볼 수 있으나 지금으로선 확인할 길은 없다.

『삼국유사』 이외에 고려때 이승휴의『제왕운기』나, 『세종실록』 지리지에 실려 있는『단군고기』 등의 환인에 대한 기록을 살펴보면 여기서는 환인을 일연처럼 불교의 제석천으로 해석하고 있지 않다.

『세종실록』의『단군고기』에서는 환인을 가리켜 "상제 환인上帝桓因"이라고 하여 '제석천'이 아닌 '상제'라고 표기하고 있다. 상제와 제석천은 위상이 전혀 다르다. 제석은 부처님을 시봉하는 존재로서 부처님의 하위계급에 해당하지만 상제는 우주만물의 조화를 담당하는 주재자로서 부처님보다 훨씬 상위적 개념이다.

동양에서 상제에 대한 최초의 기록은『상서尙書』순전舜典에 나오는 "상제에게 교사郊祀와 유사한 제사를 지낸다(肆類于上帝)"라는 내용이 아닐까 여겨지는데 유교 경전 가운데 상제라는 표현은 많이 등장한다.

예컨대『시경詩經』대아大雅 황의皇矣 편의 "위대하신 상제께서 아래를 밝게 굽어보고 계신다(皇矣上帝 臨下有赫)"라거나 대명大明 편의 "상제께서 그대에게 임하고 계시니 그대는 의심하는 마음을 갖지 말라(上帝臨女 无貳爾心)"라고 한 것 등은『성경』에서 말하는 전지전능한 하나님과 같은 존재를 가리킨 것이다.

『시경』, 『서경』 등에 보이는 바와 같이 유가에서 말하는 상제는 우주만물을 창조하는 주재자이며, 부처님의 시봉이나 드는 불가에서 말하는 제석천과는 전혀 차원이 다르다. 『제왕운기』나『세종실록』은 유교적 관점에서 기술된 책이므로 유교의 관점을 받아들여 환인을 상제 환인으로 인식한 것이라고 하겠다.

같은 환인을 두고서 유가와 불가의 해석이 서로 엇갈린다. 승려인 일연은 불교적 관점을 수용하여 부처의 시종인 제석으로 해석하였고 이승휴의 『제왕운기』나 『세종실록』은 유교적 관점을 받아들여 천상의 상제로 해석하였다. 유가계통의 사서인 『제왕운기』나 『세종실록』에서 환인을 인간이 아닌 하늘의 상제로 해석하게 된 것은 불교의 일연이 먼저 이를 천상의 제왕 중의 하나인 제석천으로 해석한 것과 무관하지 않다고 본다.

아마도 시기적으로 『삼국유사』보다 후기에 나온 이들 유가 사서들은 환인에 대해 "제석을 말한다(謂帝釋也)"라고 주석한 『삼국유사』의 영향을 받았을 것으로 여겨지며 다만 유가 사서는 불가의 제석천을 유가의 상제로 대체한 것이라고 볼 수 있겠다. 그러나 유가나 불가나 환인을 인간세상이 아닌 천상세계와 연관시켜 이해한 점은 동일하다고 하겠다.

2. 잃어버린 우리나라 최고의 선가사서 『선사仙史』

『삼국사기』에 평양을 설명하면서 "선인 왕검이 거주하던 곳이다.(仙人王儉之宅)"라고 말한 내용이 나온다. 이 기록을 통해서 우리는 단군왕검을 선인仙人으로 호칭했음을 알 수 있다.

맹자는 "성인은 인륜의 극치이다.(聖人 人倫之至也)"라고 말한 바 있다. 중국 유가에서는 도덕적으로 가장 위대한 인물을 성인聖人으로 추앙했다. 그런데 『삼국사기』에서 단군왕검을 성인이 아닌 선인仙人으로 호칭한 것을 본다면 우리나라에서는 성인보다도 선인을 최고의 경지에 이른 가장 위대한 분으로 추앙했음을 알 수 있다고 하겠다.

신라때 최치원이 쓴 난랑비鸞郎碑 서문에서 "우리나라에 현묘한 도가 있으니 이를 풍류도라고 한다. 풍류교를 창시한 근원이 『선사』에 상세히 실려 있다. 실은 바로 삼교를 포함하고 뭇 중생을 상대로 교화하는 내용이다(國有玄妙之道 曰風流 設敎之源 備詳仙史 實乃包含三敎 接化群生)"라고 말했는데 이 글이 『삼국사기』에 실려 있다.

여기서 최치원은 신라의 고유한 도인 현묘지도가 유·불·도 삼교를 포함한다고 말했다. 유·불·도 삼교를 포함한다는 풍류도란 과연 무엇인가. 풍류란 말은 중국문헌에는 자주 등장하지 않는 우리 민족의 고유한 용어이다. 풍류는 풍월風月의 다른 표현이고 풍류도는 풍월도의 다른 이름이며 풍월은 바람풍, 달월로서 우리말 밝달의 한자 음차표기라고 하겠다. 즉 풍류도는 밝달도이고 밝달도가 우리 나라의 고유사상인데, 유교의 중심사상이 중용이고 불교의 중심사상이 자비이며 도교의 중심사상이 무위자연이라면 밝달도의 중심사상은 현묘玄妙였던 것이다.

밝달도의 중심사상인 현玄은 우주 만물이 음과 양으로 나누어지기 이전의 근본 상태인 태극太極을 가리켜 말한 것으로서 그 세계는 언어가 끊어진 현묘한 경계이다. 유가의 중용과 불가의 자비와 도가의 무위자연이 모두 현묘지도에 뿌리를 두고 있다고 하는 이유가 여기에 있다. 다시 말하면 풍류도의 현묘지도가 유교, 불교, 도교의 뿌리 즉 동양사상의 원류가 되기 때문에 그래서 최치원이 현묘지도의 풍류도가 유·불·도 삼교를 포함한다고 말했던 것이다.

최치원은 유·불·도 삼교를 포함하고 있는 우리 고유의 풍류도에 관하여 설명하면서 "교를 창시한 근원이 『선사仙史』에 상세히 기술되어 있다(設教之源 備詳仙史)"라고 말했다. 현묘를 종지宗旨로 삼는 풍류도가 언제 어디서 누구에 의해 발원했는지, 그 교를 창시한 내역, 즉 선교仙敎의 역사가 『선사』에 상세히 기술되어 있다는 것이었다.

최치원이 "풍류도의 역사가 『선사』에 상세히 기술되어 있다"라고 언급한 것을 본다면 선가의 역사를 기록한 『선사』라는 책은 적어도 최치원이 생존했던 신라시대까지는 분명히 전해져 내려왔을 것으로 추정된다. 그러나 지금은 그 책이 전하지 않아서 자세한 내용을 파악할 길이 없어 안타깝기 그지 없다.

최치원이 말한 『선사』란 과연 어떤 책이었을까. 아마도 『삼국사기』에서 말한 선인 단군왕검으로부터 역대의 선인들이 풍류도로 나라를 다스린 선인들의 역사, 선국仙國의 역사가 담겨져 있던 책이 아니었겠는가.

우리나라에는 지금 불교와 유교 계통의 문헌만이 전해져 내려올 뿐 이런 선가계통의 사서들은 전해지는 것이 거의 없다. 일연의 『삼국유사』는 불가계통의 대표적인 사서이고 『제왕운기』나 『세종실록』에 실려 있는 『단군고기』는 유가계통의 대표적인 문헌이다.

최치원은 우리나라의 고유한 도는 유가의 도나 불가의 도나 도가의 도가 아닌 현묘지도 풍류도라고 말했고 또 유가의 사서나 불가의 사서가 아닌 선가의 사서인 『선사仙史』에 이러한 우리민족의 고유한 사상이 상세히 기록되어 있다고 말했다. 오늘날 불가계통의 『삼국유사』와 유가계통의 『제왕운기』 등은 전하는데 우리민족의 고유한 사상과 역사가 담긴 선가 계통의 역사책은 전하는 것이 거의 없다. 하지만 최치원이 난랑비鸞郎碑 서문에서 말한 것을 통해서 본다면 우리나라의 최고 역사서는 『삼국사기』나 『삼국유사』가 아닌 선가계통의 역사서인 『선사仙史』가 따로 존재했었다는 사실을 알 수가 있는 것이다.

3. 조선조 숙종 때까지 전해진 선가의 사서
   『진역유기震域遺記』

『규원사화』, 이 책은 지금으로부터 약 350년 전인 1,675년 숙종때 규원초당의 주인인 북애노인北崖老人이 우리의 상고사에 관해 저술한 책이다. 북애는 이 책의 서문에서 다음과 같이 개탄하고 있다.

  "조선의 걱정은 국사國史 책이 없는 것보다 더 큰 걱정거리는 없다.
  (朝鮮之患 莫大於無國史)"

  사대주의에 매몰된 조선에서는 500년동안 자기나라의 자주적인 국사책 한 권이 없었다. 중국역사를 배우며 그것이 조선의 역사라고 생각하였다. 그래서 국가의 혼이 담긴 자기나라 국사책이 없는 한심하기 짝이 없는 나라 조선을 북애는 다시 이렇게 강도높게 비판했다.

"『춘추』를 지음으로해서 명분이 바로잡히게 되었고 『강목』이 완성됨으로써 정통과 비정통이 구별되게 되었다. 그러나 『춘추』와 『강목』은 중국 한족선비들이 바로서는 계기를 마련해 주었다. 우리나라는 경서와 사서들이 여러차례 병란을 거치면서 거의 다 분실되고 없어졌다. 후세에 고루한 자들이 중국의 한족 문헌에 빠져 단지 사대하여 주周나라를 높이는 것만이 옳은 줄 알고 먼저 근본을 세워 내 나라를 빛낼 줄은 알지 못한다. 이는 마치 등나무나 칡넝쿨이 곧게 뻗어나가려고 하지 않고 다른 나무에 엉겨붙는 것과 같은 것이다. 어찌 비굴한 짓이 아니겠는가."

북애의 말대로 조선에는 조선의 국사를 자주적인 입장에서 체계적으로 기술한 책다운 책이 없었다. 조선의 선비들은 오로지 동이족을 오랑캐로 배척하고 중원의 화하족을 숭배한 공자의 『춘추春秋』와 한족 중심의 대일통사상을 강조한 주희의 『통감강목通鑑綱目』을 하늘처럼 떠받들며 부지런히 읽었다.

이런 책들은 한족 중심의 중국역사를 서술한 것이지 조선의 역사가 아니었다. 자기민족의 혼이 담긴 역사는 내팽개친채 중국 역사만을 열심히 배우고 가르쳤으니 조선의 얼빠진 역사교육이 얼마나 한심하기 짝이 없었던 것인가. 자기나라의 역사는 소중한 줄 모른채 오로지 중화만을 높이 떠받든 당시 사대주의자들의 비굴한 정신세계를 비판한 북애는 이어서 그가 『규원사화』라는 역사책을 쓰게 된 동기를 다음과 같이 설명하고 있다.

"나는 일찍이 국사를 써보고 싶은 생각은 있었으나 본디 그만한 재능이 없었다. 뿐만 아니라 명산의 석실石室에는 감춰져 있는 진귀한 자료조차 없으니 가난하고 보잘 것 없는 내가 어찌할 방도가 있겠는가. 천만 다행으로 두메 산골에서 청평淸平이 저술한 『진역유기震域遺記』를 얻었는데 그 가운데 삼국시대 이전의 옛 역사가 담겨져 있었다. 비록 간단하고 상세하지는 않지만 항간에 전하는 구구한 설에 비하면 그것들보다는 훨씬 나았다. 이것을 바탕으로 하고 다시 중국 역사의 여러 문헌에 나오는 내용들을 발췌하여 덧붙여 사화史話를 저술하게 되니 고기맛을 잊을 정도로 감개가 무량하구나."

이 기록을 통해서 우리는 북애가 『규원사화』라는 책을 쓰게 된 것은 『진역유기』라는 삼국시대 이전의 기록이 담긴 옛 역사책을 어느 두메 산골에서 구할 수 있었기 때문에 그것이 직접적인 동기가 된 것임을 알 수가 있다. 북애가 어느 산골에서 구했다는 『진역유기』란 어떤 책인가.

북애는 『규원사화』의 단군기 편에서 이 책에 대해 이렇게 설명하고 있다. "전에 청평산인 이명李茗이란 사람이 있었다. 그는 고려 때 사람인데 그가 쓴 책에 『진역유기』 3권이 있었다. 이 책은 『조대기朝代記』를 인용하여 우리나라의 옛 역사를 기록한 역사서이다. 일연이 지은 『삼국유사』와는 큰 차이가 있다. 그 중에는 선가仙家의 말이 많다."

북애의 말에 따르면 『진역유기』는 고려때 이명이라는 사람이 『조대기』라는 책을 참고하여 우리나라의 고대사를 기록한 책이다. 특히 북애가 "선가의 말이 많고 『삼국유사』와는 큰 차이가 있다"라고 말한 것을 본다면 『진역유기』는 우리 고유의 선가계통의 역사서임을 미루어 짐작하기에 어렵지 않다고 하겠다.

북애는 선가 계통의 역사서인 『진역유기』가 그 내용면에서 불교계통의 사서들과 어떻게 다른지 다음과 같이 말을 잇는다. "우리 국사國史는 여러번 전쟁을 겪으면서 없어지고 이제 겨우남아 있는 것은 단지 도가와 승려들이 적어서 전한 것 뿐인데 다행히 바위동굴에서 찾아 보존해왔다.

도가는 이미 단검 신인檀儉神人이 세운 원줄기를 이었고 또 문헌에 남아 있는 맥을 이어서 우리 역사를 논했는데 그것은 승려들이 써놓은 것보다는 훨씬 낫다. 승려들의 기록은 억측과 억설이 많아 나는 차라리 이명의 『진역유기』를 택하며 이를 또한 의심하지 않는다."

북애의 이 기록은 두가지 점에서 큰 의미를 시사한다. 첫째는 내용면에서 승려들이 지은 불가계통의 역사책과 크게 다른 선가계통의 역사서가 우리나라에 실재했었다는 사실이고 둘째는 『진역유기』와 같은 선가계통의 역사서가 지금으로부터 350년 전인 숙종때까지도 두메 산골의 어느 시골마을에 숨겨져 있어 북애가 그것을 참고할 수가 있었다는 것이다.

지금은 고려때 이명이 『진역유기』를 저술할때 참고했다는 『조대기』는 물론 조선조 숙종때 북애가 『규원사화』를 쓰는데 참고했던 『진역유기』마저도 전해지지 않는다. 그러나 북애의 말이 황당한 말이 아니라는 것은 조선 『세조실록』의 기록에서 그 근거를 찾을 수 있다.

『고조선비사』, 『삼성기』 등의 책과 함께 당시 민간에서 수거하라고 지명한 책목록 명단 가운데 북애가 언급한 『조대기』가 포함되어 있다. 이는 고려때 이명이 『진역유기』를 쓸때 참고했다는 『조대기』라는 책이 조선의 세조때까지도 전해졌음을 보여주는 좋은 반증이다.

그래서 북애는 김부식이 『삼국사기』를 쓰던 고려때까지는 이런 선가계통의 여러 사서들이 전해왔다는 확신을 가지고 이를 전혀 인용하지 않았던 김부식을 이렇게 성토했다. "『조대기』, 『고조선비사』, 『지공기』, 『삼성밀기』 등의 책을 구하라는 것이 세조의 유시에 보이는데 김부식시대에 이런 책이 없었다는 것은 말도 안된다."

김부식은 철저한 사대주의자로서 『삼국사기』를 쓰면서 중국의 서적만을 인용하고 우리민족 고유의 선가계통의 역사서는 전혀 참고하지 않았다. 김부식이야말로 역사를 망친 매사노로서 비판받아야 마땅한 것이 아닌가. 그래서 북애는 역사학자로서 무책임하기 이를데 없었던 사대주의자 김부식의 가소로운 행위를 다시 이렇게 비판하였다.

"참으로 우스운 일이다. 김부식이 인종仁宗을 위하여 『삼국사』를 쓸때 이미 돌아가신 성인들의 2천년동안의 빛나는 자취는 적지 않고 단지 '해동삼국은 역년이 장구하나 옛날에는 이를 기록할 문자가 변변치 않아 그 자취가 빠지고 없어져서 지나간 일이 희미하다'라고만 했다. 그는 이런 말로 그의 책임을 회피하고자 했다."

여기서 북애가 말한 "돌아가신 성인들의 2천년동안의 빛나는 자취"란 김부식이 『삼국사』를 쓸 때 빼버린 신라 이전의 고조선역사 2천년을 가리킨다. 김부식은 『삼국사기』에서 한국의 상고사를 "해동 삼국은 역년이 장구하다"라는 말로 얼버무리고 환인, 환웅은 물론 단군조선조차도 언급하지 않았다. 그러면서 그가 내세운 이유는 기록이 없어져서 지나간 일이 희미하다는 것이었다.

그러나 『세조실록』을 통해서 본다면 김부식의 이 말은 새빨간 거짓말이었음이 들통난다. 『조대기』, 『고조선비사』, 『지공기』, 『삼성밀기』와 같은 신라이전의 환인, 환웅 단군조선을 다룬 선가의 여러 사서들이 고려때는 물론 조선왕조 초기까지 전해졌고 숙종때 북애가 쓴 『규원사화』를 통해서 본다면 그 중에 극히 일부는 조선 중기 숙종때까지도 두메산골에 숨겨져 민간에 전해진 사실을 알 수가 있는 것이다.

4. 선가의 사서 『삼성기전三聖紀全』은 환인, 환웅을 어떻게 기술하고 있는가

일연스님은 불가의 영향을 받아서 환인을 제석천帝釋天으로 해석하고 유학자인 이승휴는 유가사상의 영향을 받아서 환인을 상제上帝로 해석하였다. 제석천 하나님과 상제 하나님은 위상은 다르지만 모두 인간이 아닌 천상세계의 하나님이다. 유가나 불가가 환인을 인간이 아닌 하나님으로 해석한 점에서는 동일한 것이다.

조선조 세조 3년(1,457) 5월 26일 팔도 관찰사八道觀察使에게 일반

민가에서 간직하지 못하게 수거하라고 내린 유시諭示의 도서목록 가운데는 『고조선비사古朝鮮秘詞』·『대변설大辯說』·『조대기朝代記』·『주남일사기周南逸士記』 등과 함께 안함로安含老, 원동중元董仲의 『삼성기三聖記』가 들어 있다.

나는 지금 『환단고기』에 실려서 전하는 『삼성기전』이 비록 원래의 모습은 잃어버렸다 하더라도 『세조실록』의 수거 목록에 등장하는 안함로, 원동중이 썼다는 『삼성기』와 기본적으로는 동일한 책일 것이라고 추정한다. 그리고 이런 책들이 바로 북애가 말했던 선가계통의 사서라고 믿는다. 그렇다면 선가계통의 사서로 여겨지는 『삼성기전』에서는 환인, 환웅을 어떻게 기술하고 있는가.

불교에서는 제석천이라 하고 유교에서는 상제라 하여 천상세계의 하나님으로 해석한 것과 달리 『삼성기전』에서는 환인을 인간세계의 환인씨로 보았고 또 그가 환국을 건국한 것으로 해석하여 다음과 같이 말하고 있다.

"처음에 환인이 천산에 거주하셨다(初桓因 居于天山)"
"옛적에 환국이 있었다(昔有桓國)"
"우리 환국이 건국의 역사가 가장 오래되었다.(吾桓建國最古)"

『삼성기전』은 인류역사상 가장 먼저 건국된 나라가 우리 환국이라 말했고 환인은 천상의 하나님이 아니라 환국의 제왕인 환인씨로서 환인씨의 환국은 연대는 알수 없지만 7세를 전하였다고 말하였다. 『삼성기전』에서는 왜 "우리 환국이 가장 오랜 건국의 역사를 간직하고 있다."라고 말하였을까. 중국의 역사를 살펴보면 상고시대에 태호복희씨, 염제신농씨, 소호금천씨, 황제헌원씨 등이 있었다고 기록되어 있다.

『삼성기전』은 이들보다 앞서 환인씨가 있어서 환국을 건국했다고 본 것이다. 환인은 하나님이 아니라 환인씨라는 복희씨 이전에 있었던 씨족이고 환국은 환인씨라는 씨족에 의해 세계에서 최초로 건립된 나라였다는 것이다. 환인씨 뒤에는 환웅씨가 신시에 도읍을 정하고 나라 이름을 배달이라 하여 다스렸는데 신시의 말엽에 치우천왕이 나와서 청구靑邱로 강역을 넓혔고 배달국은 18세를 전하면서 1,565년동안 존속했다고 『삼성기전』은 기록하고 있다.

환인씨의 경우는 환국의 존속 연대나 도읍지를 기록하지 않았는데 환웅씨의 배달국에 대해서는 존속 연대와 도읍지까지 밝히고 있다. 여기서 배달이란 말은 밝달이란 우리 말을 한자의 음을 빌어 기록하는 과정에서, 북경을 베이징이라 하는 것처럼 중국식 발음 배달이 된 것으로서 순수한 우리말로 하면 밝달이 된다. 환인씨의 나라는 환국이고 환웅씨의 나라는 배달국이었다고 하였는데 배달웅이라 하지 않고 환웅이라 한 것을 본다면 본래 환국이 다른 이름으로는 배달국으로도 불렸음을 알 수 있다고 하겠다.

환웅씨를 이어서 단군왕검이 아사달에 도읍을 정하고 나라를 세워 조선이라고 국호를 정하였으며 그 뒤에는 다시 국호를 대부여로 개정했다고 『삼성기전』은 말하고 있다. 단군조선은 47세를 전하면서 왕조가 2,096년동안 유지되었다고 하였는데 이 시기가 중국으로 말하면 하·은·주 시대에 해당한다. 이 기간에 중국에서는 전쟁을 통해 이민족간의 정권교체가 여러번에 걸쳐서 이루어졌다. 그러나 중국에서는 여러번 왕조가 교체되는 동안 단군조선은 민족이 화합하고 대동단결하여 평화를 유지하면서 2,000년동안 안정적으로 정권을 유지하였던 것이다.

진시황의 진나라가 시작될 무렵 해모수가 웅심산熊心山에서 일어났고 유방이 세운 한나라 혜제때 위만이 부여의 서쪽 한 모퉁이를 침입했으며 한무제가 조선의 서쪽 한 귀퉁이를 차지하고 있던 위만의 손자 우거를 멸망시켰고 그 뒤에 동명국과 고구려국이 건국되었다고 『삼성기전』은 쓰고 있다.

『삼성기전』은 환국, 배달국, 조선국, 부여국, 동명국, 고구려국으로 건국의 역사가 이어졌다고 보고 있다. 단군에 의해서 건국된 조선이 우리민족의 첫 국가가 아니라 환인씨에 의해서 건국된 환국이 우리민족의 첫 국가이며 환국은 우리민족의 첫 국가이자 인류역사상 가장 먼저 건국된 세계 최초의 나라라고 말하였다.

5. 『환단고기』의 『삼성기전』과 『세조실록』의 『삼성기』는 동일한 책인가

『삼국유사』에 나오는 "석유환인昔有桓因"을 "석유환국昔有桓國"으로 표기하고 또 그 환국에 대해 "세계에서 건국의 역사가 가장 오래된 나라이다.(吾桓建國最古)"라고 주장하는 『삼성기전』은 과연 『세조실록』의 수거목록 명단에 이름이 올라있는 우리 고유의 선가계통의 사서 『삼성기』와 동일한 책인가. 아니면 후세에 조작된 위서인가.

『삼성기전』의 기록에 따르면 중국 한족의 시조인 황제 헌원이 환웅국의 제후 신분이었고 탁록전쟁에서 패배하여 사로잡혀 치우천왕의 신하가 된 것으로 되어 있다. 황제가 치우를 사로잡아 죽였다는 사마천 『사기』의 기록과는 정반대 되는 내용이다.

지금 『삼성기전』이 위서냐 진서냐를 놓고 그 진위문제를 한마디로 논단하기는 어렵다. 그러나 사마천 『사기』가 중국 한족의 입장을 반영하여 쓴 것이라면 『삼성기전』은 환국 밝달족의 입장에서 우리 민족을 중심에 두고 쓴 역사책임은 두말할 나위 없다.

조선조 세조 3년(1,457) 팔도관찰사에게 내린 유시諭示의 수거도서목록 가운데 『고조선비사古朝鮮秘詞』, 『대변설大辯說』, 『조대기朝代記』, 『주남일사기周南逸士記』 등과 함께 등장하는 안함노, 원동중의 『삼성기三聖記』가 바로 지금 『환단고기』 가운데 실려 있는 『삼성기전』과 동일한 책인지 아닌지 딱 잘라서 말하기는 어렵다. 그러나 지금 전하는 『삼성기전』은 조선왕조 『세조실록』에 나오는 『삼성기』와 책명과 저자가 모두 동일하다. 책의 내용 또한 환인, 환웅, 단군 삼성인의 기록을 다루고 있다. 책내용이 삼성인의 기록이고 저자가 안함로, 원동중이며 책명이 『삼성기』이다. 삼박자가 모두 딱 맞아 떨어진다.

우리나라가 중국의 속국이나 다름이 없었던 명, 청시기에는 이런 동북아 대륙의 지배자로 군림한 조선의 선조들이 직접 남긴 기록들이 중국인의 자존심을 건드렸을 것이고 중국은 속국이나 다름이 없었던 이씨조선의 조정에 대해 강한 압력을 행사했을 것이다. 이에 이씨조선의 조정에서는 중국의 눈치를 보느라 이런 선가사서들을 민간에서 소장할 수 없도록 수거명령을 내릴 수밖에 없었을 것이다. 따라서 이 책은 여건상, 형편상 조선조 500년동안 자취를 감출 수밖에 없었던 이유가 설명이 되는 것이다.

하지만 아무리 조정에서 수거령을 내렸다하더라도 전국 민간에 흩어져 있던 책을 한권도 남기지 않고 모조리 거두어 들인다는 것은 사실상 불가능한 일이었을 것이다. 또 숭조정신이 투철하고 의리를 소중히 여긴 우리민족의 기질상 그것을 용납하지도 않았을 것이다. 필시 산간벽지의 동굴 같은데 한두권 숨겨놓았을 것이고 이런 비장된 책들이 중국의 명, 청이 망하고 이씨조선이 망하고 일본이 물러간 뒤에 다시 세상에 나와 빛을 볼 수 있었으리라는 것은 충분히 짐작이 가는 일이다.

다만 오늘날 전하는 『삼성기전』 상, 하편이 『세조실록』에 나오는 안함로, 원동중이 쓴 『삼성기』와 글자 한 자 안 틀리는 동일한 책이라고 말하고 싶지는 않다. 왜냐하면 몰래 필사하여 전해져 내려오는 과정에서 보관자 필사자의 첨삭이 가해질 수 있는 일이기 때문이다.

그러나 그것은 어디까지나 주석 차원의 첨삭일 것이며 큰 뼈대는 손대지 않았을 것이다. 따라서 오늘에 전하는 『삼성기전』은 『세조실록』에 보이는 안함로, 원중동 『삼성기』의 원본 그대로는 아니지만 그것을 필사한 필사본이 맞으며 후인에 의한 자구상의 일부 첨삭이나 변경은 있지만 기본 골격은 그대로 유지된 『삼성기』라고 믿는다.

『왕조실록』에는 안함로, 원동중 『삼성기』로 되어 있는데 지금 전하는 책은 『삼성기』가 아닌 『삼성기전』으로 명칭이 되어 있는 이유는 무엇인가. 이는 『삼성기』가 본래는 상, 하편으로 나뉘지 않았는데 뒤에 『환단고기』의 편찬자가 상, 하편으로 나누어 상편을 안함로, 하편을 원동중의 저술로 표기하고 『삼성기』에 온전할 전자를 덧붙여서 『삼성기전』이라고 명명한 것이 아닌가 여겨진다.

『세조실록』에 거명된 선가계통의 여러 서적들이 지금 그 원본은 비록 모두 없어졌지만 『환단고기』에 『조대기』, 『대변설』, 『삼성밀기』, 『삼성기전』과 같은 책들의 이름이 등장하고 있고 또 그 내용의 일부나마 전하는 것은 하늘이 우리민족을 도운 천행이 아닐 수 없다.

이런 기록들이 전하는 한 시간적인 조만이 있을 뿐 이것이 우리민족의 정사로서 자리매김할 날은 반드시 있다고 본다. 역사의식이 있는 지도자가 나타나서 이들 선가의 사서를 우리의 정통사서로 인정하는 날 우리역사는 진정한 광복을 맞이하게 되는 것이다.

6. 한국 강단사학계의 환인, 환웅을 보는 시각과 위서논쟁에 휘말린 『환단고기』

불교적 해석에 따르면 환인, 환웅은 신화가 분명하고 선가의 견해에 의하면 환인, 환웅은 신화가 아니라 역사로 보는 것이 타당하다. 오늘날 한국의 강단사학계는 어떤 입장을 취하고 있는가.

『삼성기전』을 위시한 『환단고기』의 사료는 조작된 위서로 치부하고 환인을 제석천으로 해석한 일연의 『삼국유사』의 불교신화적 관점을 추종하는 것이 현대 강단사학의 일반적인 추세이다.

한국의 강단사학자들은 『환단고기』를 한마디로 위서로 취급하고 사료로서의 가치를 아예 인정하려들지 않는다. 그러나 조선조 세조 때 선가계통의 여러 사서들에 대해 민간에서의 보관을 불허하고 국가에서 수거령을 내린 사실에 비추어 본다면 당시 이 책들이 지하에 숨어들어가 비밀리에 전해지다가 이씨조선이 망한 뒤에 세상 밖으로 나와 빛을 보게 되었을 개연성은 충분히 있는 것이다.

그러므로 『환단고기』라는 책이 100년 전에야 세상에 나온 이유 등을 들어서 그것을 일방적으로 위서라고 매도하는 것은 섣부른 판단이다. 문제는 그 내용이 과연 역사사실에 부합하느냐 아니면 후세에 위조된 것이냐 하는 것인데 내용적으로 검토해볼 때 『환단고기』 가운데는 역사의 진실과 부합되는 많은 내용들을 포함하고 있다. 다만 그것이 필사로 전해지는 과정에서 일부 후인의 첨삭이 가해졌을 가능성은 배제할 수 없다.

그런 점에서 『환단고기』를 전체가 위작이라고 그 가치를 격하시키는 것은 식민사학이 자신들의 쌓아올린 공든탑이 무너지는 것에 위기의식을 느끼고 기득권을 지키기 위한 억지주장에 연루된 점들이 많다고 본다.

현재 『환단고기』가 강단사학계로부터 학술적 가치를 인정받지 못하고 있는 이유는 두가지로 요약된다. 첫째 『환단고기』는 최근에 어느 민족주의자에 의해서 위조된 책으로서 100년 전에는 이런 책은 역사상에 존재하지 않았다는 것이다. 둘째는 내용적으로 검토해 볼 때 현대적인 용어가 많이 포함되어 있어서 고대에 쓰여진 저술로서 인정하기가 어렵다는 것이다.

강단사학의 이러한 주장은 일견 설득력이 있어 보인다. 그러나 위에서도 언급한 바와 같이 명, 청시대를 거치면서 우리의 자주적인 선가계통의 역사서들은 민간에서의 금서가 되어 있었다는 것은 세조때의 수거령이 입증하고 있다. 따라서 이씨조선에서 자취를 감추었다가 명, 청과 이씨조선이 망한 뒤에 민간에 숨겨져서 전해지던 책이 다시 세상에 공개되어 밖으로 나왔다는 것은 얼마든지 상상이 가는 일이다.

그리고 『환단고기』에 현대적인 용어가 들어 있다는 것도 이 책의 특수성을 감안하면 이해가 되는 부분이다. 이 책은 다른 책과 달리 민간에서 몰래 숨어서 보며 필사본으로 전해진 것이다. 그러므로 필사하는 과정에서 일부 첨삭이 가해졌으리라는 것은 부인할 수 없는 사실이다.

책의 원본은 삼국시대나 고려시대의 저술이라 하더라도 필사자는 이씨조선 후기나 대한제국 시대의 인물이었을 것이므로 거기에 간혹 등장하는 현대적인 용어는 필사하는 과정에서 삽입된 것으로 볼 수 있는 것이다.

한국의 강단사학이 『환단고기』를 결사적으로 부정하는 보다 근본적인 이유는 다음에 있다고 본다. 즉 『환단고기』와 강단사학이 역사를 보는 사관이 판이하게 다른데 연유한 것이다.

한국의 강단사학은 단군조선 신화설, 대동강 낙랑설 등 일본 식민사관의 기초위에 서 있으며 넓은 의미에서 그 틀을 벗어나지 못한 상태에 있다. 그런데『환단고기』의 역사관은 우리민족이 중국 역사 문화의 주역으로서 기능했을 뿐만 아니라 동아시아, 유럽의 역사가 우리민족에서 발원했다는 종래 우리의 상식을 완전히 뒤집는 파격적인 논리에 바탕하고 있다.

강단사학과『환단고기』사학은 양립할 수가 없다고 본다.『환단고기』를 사서로 인정하고 그 이론을 받아들일 경우 강단사학은 지난 70여년동안 저들이 공들여 쌓아놓은 공든 탑이 무너지고 자신들의 설자리를 잃게 되는 것이다. 따라서 저들이『환단고기』를 부정하는 진짜 이유는 학술적인 차원이라기보다는 기득권과 주도권을 지키고자하는 집단적인 이기주의가 등 뒤에 숨어 있는 것이라고 하겠다.

그러므로 한국에 강단사학이 주류사학으로 자리를 굳히고 있는 한『환단고기』의 학술적 가치가 인정되고 바른역사가 정립되기를 바란다는 것은 그야말로 쓰레기통에서 장미꽃이 피어나기를 바라는 것이나 다를 바가 없는 것이다.

한국은 지금 경제적으로는 세계 10대 강국을 자랑한다. 그러나 역사 문화적으로는 중국과 일본의 아류를 면치 못하고 있다. 동아시아에서 역사의식과 철학이 가장 빈곤한 나라중의 하나가 한국이라 해도 과언이 아닌데 그 중요한 요인이 사대, 식민사관의 잔재를 벗어나지 못한데 있다.

우리는 어떻게 다시 잃어버린 역사를 되찾아 민족정기, 민족정체성을 바로 세워서 세계의 경제강국, 역사문화 대국으로 거듭날 수 있을 것인가. 『환단고기』가 강단사학으로부터 인정을 받아 바른역사가 정립되기를 기대한다면 그것은 연목구어요 백년하청이다. 그러면 어떤 다른 방법론이 있는가. 세계가 인정하는 『사고전서』와 같은 새로운 문헌자료, 그리고 홍산문화 유적에서 발굴된 새로운 고고학자료를 바탕으로, 이를 선가의 사서로 여겨지는 책들의 내용과 비교 검토하면서 한국의 바른역사를 재정립하는 길을 모색해야 할 것이다. 그것이 오늘 한국의 역사학이 나아가야할 방향이요 민족지성의 어깨 위에 지워진 사명이자 숙명이다.

제2부

『시경』으로 다시 찾는
환국과 밝족의 역사

1. 한국 상고사의 새로운 자료를 찾아서

1) 『시경詩經』의 상송商頌에 보이는 "장발長發" "환발桓發"과
   우리 민족 상고사 환국 밝조선

『시경』은 동아시아 최고의 문학 총서이다. 여기에는 중국 상나라 시대로부터 춘추시대 중엽에 이르기까지 그러니까 서기전 16세기부터 서기전 6세기까지의 시가 총 311편이 수록되어 있다. 춘추시대에 공자가 편찬한 것으로 전해진다.

『시경』에 수록된 시가는 내용 상에서 풍風·아雅·송頌으로 분류되는데 '풍'은 주周나라 시대 각 지방의 가요이고 '아'는 주나라 시대의 아악雅樂 즉 정악이며 아는 또 소아小雅와 대아大雅로 나뉜다.

『시경』 가운데 '송'은 주송周頌, 노송魯頌, 상송商頌 3개국의 송이 실려 있는데 송이란 칭송한다는 의미로서 주나라·노나라·상나라에서 후손들이 자기 조상들을 제사지낼 때 찬송하며 연주하던 음악의 가사이다.

상송은 동양에서 최초의 가송 문학이다. 시가를 통해서 조상을 찬미하는 작품의 원류로서 뒤에 중국에서 제왕들이 자기 조상을 가

송하는 시가의 전범이 되었다. 주송, 노송은 상송에 뒤이어 나온 것이다. 순서상으로 볼 때는 『시경』의 편찬에서 상송이 송의 맨 앞에 편차되어야 하는데 노송 다음에 상송이 편차된 것은 공자의 주나라를 높이는 존주사상이 반영된 것이 아닌가 여겨진다.

상나라 송가 중의 장발편長發篇은 상나라의 후손들이 상나라를 건국한 국조 탕임금과 또 그 이전 상나라 민족의 최초의 조상들을 제사지내면서 그들의 업적과 공적을 찬미하기 위해 부른 시가의 명칭이다. 상나라의 상송은 나·열조·현조·장발·은무 모두 5편의 송이 『시경』에 실려 있는데 '장발長發'이란 제목이 붙여진 송가는 우리 밝달민족과 관련하여 특별히 주목을 끈다.

"장발"이란 두 글자도 한국의 상고사적 측면에서 바라보면 범연히 보아넘길 단어가 아니지만 상나라의 시조 설화를 언급하는 가운데 등장하는 "현왕 환발玄王桓發"이라는 네 글자는 특히 눈길을 사로잡는다. 여기 "환발"에서 한국 상고시대의 환국과 밝족의 역사가 연상되기 때문이다.

아래에서 단을 나누어 상송 장발편의 이러한 내용이 과연 한국의 상고사와 어떻게 관련이 되는지 구체적으로 살펴보고자 한다. 다만 그에 앞서 『시경집전』을 저술했던 주희의 이에 대한 해석을 검토해보는 것이 바람직하리라고 여긴다. 독자의 이해에 도움이 되게 하기 위해 『시경』 장발편의 해당부분 원문을 인용하여 아래에 싣는다.

"濬哲維商 長發其祥 洪水芒芒 禹敷下土方

外大國是疆 幅隕旣長 有娀方將 帝立子生商

玄王桓撥(發) 受小國是達 受大國是達

率履不越 遂視旣發 相土烈烈 海外有截"

2) 『시경』의 상송에 나오는 "장발長發" "현왕 환발玄王桓發"에 대한 주희의 해석

주희는 『시경』 상송 장발편의 주석을 내면서 "장발長發"을 "길이 발현된다"라는 뜻으로 해석했다. 역사와는 전혀 상관이 없는 형용사적인 의미로 풀이한 것이다. 그리고 "현왕 환발"에서의 현왕은 상商나라의 설契을 가리킨다고 말했다. 설은 순임금의 신하로서 사도司徒의 직위에 있었다. 오늘날로 말하면 교육을 담당하는 장관직에 종사했던 인물이다. 그런데 그에게 어떻게 왕의 칭호를 붙여서 현왕으로 지칭할 수가 있겠는가.

또 설은 요임금이 상商 땅에 봉했다고 하였으나 제왕이 아니었기 때문에 대국大國을 맡아서 다스려본 일이 없다. 그러므로 현왕을 상설商契로 볼 경우, 장발편에서 "현왕 환발"의 뒤에 나오는 "소국을 받아도 통달하였고 대국을 받아도 통달하였다(受小國是達 受大國是達)"라는 문장과도 부합되지 않는다.

그래서 주희는 "설을 왕이라고 한 것은 추존한 것이다(王者追尊之號)"라고 부연 설명을 했는데 그것도 잘못이다. 후손들이 자기의 조상을 왕으로 추존하는 제도는 주周나라에서 시작되었고 상나라에서는 이런 제도 자체가 존재하지 않았다. 그런데 어떻게 설을 현왕으로 추존할 수가 있었겠는가.

그러면 주희는 상송의 장발편에 나오는 "환발桓撥"이라는 두 글자에 대해서는 어떻게 해석했는가. 환桓은 위무威武의 무武, 즉 무력의 무로, 발撥은 다스릴치治 자의 의미로 보았다. "환은 위무이고 발은 다스리는 것이다(桓武撥治)"라고 하여 환발桓撥을 무치武治라고 해석했다.

설은 순임금의 신하로서 사도司徒 즉 교육을 담당했던 인물이다. 그가 혹시 국방을 담당한 장군이었다면 환발을 무치라고 해석하는 것이 격에 맞을 수도 있겠지만 따뜻한 자비의 손길을 필요로 하는 교육자에게 무력으로 다스린다는 "무치"라는 표현은 전혀 어울리지 않는 것이다.

주희가 장발편의 현왕을 상나라의 설이라는 인물로 비정한 것도 논리적으로 많은 문제점을 내포하고 있지만 "환발"을 "무치"라고 해석한 것은 그야말로 견강부회의 극치를 보여준 것이 아닌가 여겨진다.

"현왕 환발玄王桓撥"과 관련해서 우리가 또 하나 주목할 사항은 전국시대 말년에 노魯나라의 모형毛亨과 조趙나라의 모장毛萇이 편집 주석한 모시毛詩, 즉 현재 세상에 유행하는 『시경』에는 "현왕 환발玄王桓撥"로 되어 있는데 반하여 한나라 초기 연燕나라 사람 한영韓嬰이 전수한 『시경』인 한시韓詩에는 "현왕 환발玄王桓發"로 되어 있다는 사실이다. 그리고 '모시'에서는 "현왕 환발玄王桓撥"로 표기하고 "환은 대大 발撥은 치治이다"라고 주석을 냈는데 '한시'에서는 "현왕 환발玄王桓發"로 표기하고 "발發은 명明이다"라고 주석하였다.

"환발"의 발자에 대하여 '모시'에는 발撥, '한시'에는 발發로 되어 있어 '모시'와 '한시'가 글자가 서로 같지 않다. 또 발자의 해석에 있어서도 '모시'는 다스릴치 자의 의미로 해석하고 '한시'는 밝을 명자의 의미로 해석하여 '모시'와 '한시'가 가리키는 뜻이 완전히 서로 다르다.

여기 상송 장발편의 발자는 어떤 발자로 보는 것이 옳은 것인가. 이 시가의 첫줄 첫 문단에 "장발長發"이라는 두 글자가 나오고 두 번째줄 첫 머리에 "현왕 환발玄王桓發"이라는 네 글자가 나오며 바로 아래에 연이어 "기발既發"이 나온다. 위 아래가 모두 발發자로 되어 있는 것을 본다면 여기서의 발자는 특별한 의미를 지닌 글자로서 본래 발發 자였는데 뒤에 어떤 연유로 인해서 의도적으로 발撥 자로 변경되었을 가능성을 배제할 수 없다.

현재 중국에는 한영의 '한시'가 전해지지 않고 '모시'가 전해졌고 이 모씨의 『시경』에는 "현왕 환발玄王桓發"이 아닌 "현왕 환발玄王桓撥"로 표기되어 있기 때문에 혹자는 "환발桓發"보다는 "환발桓撥"이 더 낯이 익고 또 경전의 본래 있는 글자를 함부로 수정하는 일은 불가능하다고 보는 고정관념에 사로잡혀 있을 수 있다.

그러나 『상서』의 요전堯典에 나오는 "경수인시敬授人時"가 본래는 "경수민시敬授民時"였는데 당태종 이세민李世民의 민民자를 피휘避諱하기 위해 인人자로 바꾸었다는 사실을 상기한다면 경전은 감히 함부로 손대지 못했을 것이라는 고정관념에 사로잡혀 있는 것이 얼마나 어리석은 일인가 하는 것을 깨닫게 될 것이다.

그리고 또 한영의 '한시'가 발撥을 발發로 표기하고 이를 밝을 명明자의 뜻으로 해석한 것은 동이사적 관점에서 볼 때 매우 중대한 의미가 있다고 본다. 우리는 그동안 『관자』에 나오는 발조선發朝鮮의 발이 광명을 뜻하는 우리말의 한자표기라고 인식하면서도 그것의 근거를 찾기는 쉽지 않았는데 이는 곧 발조선의 발이 광명 즉 밝달조선의 밝을 의미한다는 확실한 근거를 제시해주기 때문이다.

주희는 동이의 역사에 조예가 깊지 못했다. "현왕 환발"의 발과 "발조선"의 발이 무엇을 의미하는 것인지 전혀 알지 못했다. 그래서 발을 밝음으로 해석한 '한시'의 해석을 따르지 않고 '모시'의 해석을 따라 다스린다는 의미로 발을 해석했던 것이다.

3) 주희 해석의 문제점과 그가 이렇게 해석한 이유

주희의 『사서』, 『삼경』에 대한 주석을 살펴보면 역사 특히 동이사와 관련된 부분에서 많은 오류가 발견된다. 따라서 이 경우도 주희가 역사지식이 부족해서 이런 잘못된 해석을 했을 수 있다고 본다.

다른 한편으로 생각해보면 주희는 공자의 존화양이尊華攘夷 사상의 절대 신봉자였다. 따라서 그의 역사관은 언제나 화하족을 두둔하고 동이족을 배격하는 입장에 서 있었던 것이 『논어』를 비롯한 여러 유가 경전의 주석상에서 확인된다.

하·상·주의 역사는 중국 고대사의 뼈대를 이룬다. 특히 상나라는 은허의 갑골문과 왕궁터의 발굴에서 보는 바와 같이 고고학적으로 증명되는 중국 최초의 왕조이다. 그런데 여기 『시경』 상송 장발편의 "환발"을 환국과 밝족으로 해석하여 상나라가 우리 환국 밝족의 후손이 라고 말한다면 중국 한족의 역사는 사실상 설자리를 잃어버리게 된다.

사마천『사기』이후 상나라의 역사를 하夏나라를 계승한 화하계의 역사에 포함시켰는데 상송의 "현왕 환발"을 환국과 밝족으로 해석할 경우 상나라가 화하족이 아닌 밝족의 자손이 되어 중국역사의 정통성이 완전히 무너져 내리는 결과를 초래하게 되는 것이다.

따라서 주희는 그것이 지닌 본래의 뜻을 알지 못했을 수도 있지만 한편 알면서도 의도적으로 "환발桓發"을 무치武治라고 엉뚱하게 해석을 하고 환국 밝족의 뜻은 고의적으로 은폐했을 가능성도 배제할 수 없다고 하겠다.

2.『시경』으로 다시 찾는 환국桓國의 역사

1) 환인桓因, 환웅桓雄, 환국桓國과『시경』의 "현왕 환발玄王桓發"

『삼국유사』에 환인, 환웅 이야기가 최초로 나온다. 일연이「고기古記」를 인용하여『삼국유사』에 기재하였으므로 이 이야기가 언제부터 전해왔는지 정확한 내막은 알길이 없다. 그러나 일연이 고려때 사람이니 고려 이전부터 이런 내용이 전해온 것은 확실하다고 하겠다.

현재 한국의 강단사학은 일제 식민사학의 영향으로 인해 고조선의 단군도 신화로 취급한다. 따라서 환인, 환웅은 선사시대로 간주하고 아예 역사에서 언급조차 하지 않는 실정이다.

최근 들어서 『사고전서』, 홍산문화와 같은 문헌적으로 고고학적으로 우리의 상고사를 새롭게 조명할 수 있는 새로운 많은 자료들이 발굴되었다. 따라서 이제는 우리가 식민사학, 강단사학의 이론을 맹목적으로 추종하여 환인, 환웅을 역사이전의 사전시대로 취급하는 것이 과연 옳은 일인가 하는 것을 냉정히 재검토해 볼 시기가 되었다.

『산해경』의 해외서경에는 "숙신국이 백민의 북쪽에 있다. 그 나라에 나무가 있는데 이름을 웅상雄常이라 한다.(肅愼之國 在白民北, 有樹名曰雄常)"라고 말한 내용이 나온다. 여기서 말하는 숙신은 조선의 다른 이름이고 백민은 밝달민족을 가리키는 용어이다. 조선은 환웅의 아들인 단군이 세운 나라의 이름인데 그 나라에 있던 나무의 이름이 웅상雄常이고 웅雄자는 환웅桓雄의 웅자와 글자가 동일하다. 웅상과 환웅 양자 간에는 모종의 연관성이 있어보인다.

『삼국유사』에 "환인의 아들 환웅이 무리 3,000명을 이끌고 태백산의 신단수神壇樹 아래로 내려오셨다."라고 하였는데 『산해경』에서 말한 웅상수雄常樹가 바로 『삼국유사』에 나오는 환웅의 신단수를 가리킨 것은 아닐까. 환웅이 내려왔다는 신단수의 단자는 한자로 기록할 때 제단단 자를 쓰기도 하고 밝달나무단자를 쓰기도 하는 데 하여튼 거기에 한 그루의 나무가 있었던 것은 분명하다.

환웅이 태백산에 있는 나무 아래로 내려왔는데 『삼국유사』에서는 신이 그 나무 아래로 내려왔다는 뜻으로 그것을 신단수라 하고 『산해경』에서는 환웅이 내려왔다는 뜻에서 웅상수라는 이름을 붙인 것은 아닐까. 그렇다면 신단수와 웅상수는 표현은 각기 다르지만 실상은 같은 나무가 된다. 웅상수는 곧 환웅이 강림한 나무가 되는 것이다. 만일 환웅이 강림한 나무여서 웅상수라 하였다면 왜 환웅수라 하지 않고 하필 웅상수라 하였을까 하는 의문이 제기된다.

그것은 환웅의 이름이 상이 아니었을까. 그래서 환웅이라고도 하지만 환상이라고도 부른 것이 아닌가 하는 추측을 해볼 수 있다. 단군도 제 1대 단군은 다른 고조선의 단군들과 차별화하기 위해 왕검이라는 명칭이 있었듯이 신단수에 내려온 제 1대 환웅도 다른 환국의 환웅들과 구별하기 위해 환상이라는 이름이 있었을 수 있다.

단군조선 이전 상고시대에 환상이라는 인물이 실존했다면 환웅이 신화가 아니라 실화가 되고 사전사가 아니라 역사가 될 수 있는데 환상이 실제 인물임을 뒷받침할 수 있는 근거를 중국의 문헌에서 찾을 수 있는가.

중국에 『성씨고략姓氏考略』이란 책이 있다. 여기에 "상고시대에 헌원황제의 신하 중에 환상桓常이라는 대신이 있었는데 그의 후손들이 환상의 이름을 성씨로 삼아 환씨라 칭하였다"라는 기록이 보인다. 이 기록에 의거하면 환상은 황제헌원시대의 인물이니 우리나라의 단군보다 연대가 훨씬 앞선다. 즉 시기적으로 보면 단군의 아버지 환웅시대에 해당하는데 그 이름이 환웅이 아니라 환상이다.

환웅이라 여겨지는 환상이 후세에 만들어진 신화적 인물이 아니라 상고시대의 실존인물이었다면 그의 혈통을 계승한 후손들이 있어야 마땅할 것이다. 중국 문헌을 살펴보면 환씨들은 동주東周시대 이전까지는 헌원황제시대의 환상을 원류로 하여 단일본으로 내려오다가 뒤에 오랜 역사가 흐르면서 대략 3파로 나누어졌다고 한다.

『원화성찬元和姓纂』과 『위서魏書』 관씨지官氏志의 환씨의 역사에 대한 기록에 따르면 환씨들은 산동성의 강성姜姓 제환공의 후예, 하남성의 자성子姓 송환공의 후예, 그리고 북위시대 선비족의 오환씨烏桓氏가 있는 것으로 기술하고 있다.

오늘날 중국의 환씨들은 모두 환상을 시조로 받드는 환상의 자손인데 선비족은 동이족 특히 고조선의 후예이다. 치우천왕의 성이 강姜이고 상나라를 건국한 탕임금의 성이 자子로서 강성과 자성은 다 동이족이다. 환씨가 나중에 3파로 갈라졌지만 환상을 시조로 받들고 있는 환씨는 모두 동이족인 셈이다.

『논어』에는 송나라의 사마司馬 환퇴桓魋가 공자를 증오하여 살해하려 했다는 기록이 나온다. 사마는 오늘날로 말하면 국방장관에 해당하는 직책이다. 『논어』에는 왜 환퇴가 공자를 살해하려했는지 원인은 밝혀져 있지 않다. 하지만 춘추시대에 화하족의 상징인 주공周公의 문화를 정통으로 계승한 노魯나라에서 태어났던 공자가 지나치게 동이를 배척하고 존주尊周를 내세우자 동이족 환웅의 후손이었던 환퇴가 민족감정이 폭발하여 공자를 제거하려 했던 것이 아닌가 하는 것이 나의 추측이다.

중국의 환씨들이 환씨의 시조로 받들고 있는 상고시대의 환상, 『산해경』에 나오는 웅상, 『삼국유사』의 환웅에 대한 기록을 종합 검토해 보면 환인·환웅·환국이 단순히 신화나 사전사가 아니라 실화요 역사일 가능성이 있다는 강한 암시를 받는다.

『태백일사』의 삼신오제본기 제 1에는 웅상과 관련하여 다음과 같은 기록이 보인다. "원화는 여랑이라 칭하고 남자는 화랑이라고 말하는데 또는 천왕랑이라고도 한다. 임금으로부터 오우관을 하사

받으며 관을 쓸때는 절차가 있다. 그 때 큰 나무를 봉하여 환웅의 신상神像으로 삼아 배례를 올리도록 하였는데 이 신수를 일반인들은 웅상이라고 한다. 상은 항상 존재한다는 것을 의미한다.(源花稱女郞 男曰花郞 又云天王郞 命賜烏羽冠 加冠有儀注 時封大樹 爲桓雄神像而拜之 神樹俗謂之雄常 常謂常在也)"『태백일사』에서 웅상의 상을 항상 존재한다는 의미로 해석한 점은 『성씨고략姓氏考略』에서 환상桓常을 환씨의 시조 이름으로 설명한 것과는 차이가 있다.

『태백일사』의 내용을 검토해보면 신라에서 화랑도의 임명 의식을 거행할 때 임금이 하사한 오우관烏羽冠을 쓰고 어떤 커다란 나무 하나를 골라 환웅의 신상神像으로 지정하여 배례를 드리도록 하였다는 것을 알 수 있다. 『태백일사』에서 말하는 웅상수는 신라의 화랑 제도에 등장하는 것으로서 『산해경』의 해외서경에서 말한 고조선의 웅상수와는 동일한 나무가 될 수 없다. 신라의 웅상수는 화랑도의 의식을 거행하기 위해 신라에서 지정한 웅상수이기 때문이다.

우리는 이 신라의 웅상수를 통해서 우리의 상고사와 관련한 중요한 사실 하나를 새로 발견할 수 있다고 본다. 바로 신라에는 환웅을 민족의 상징으로 추앙하는 전통이 있었다는 사실이다. 단군이전의 환웅을 숭배하는 전통이 고조선에서 신라로 맥이 이어진 것을 고조선의 웅상수와 신라의 웅상수를 통해서 확인할 수 있다고 하겠다.

그러나 환인·환웅·환국이 역사로서 정립되기 위해서는 이런 간접적인 증거보다도 구체적이고 직접적인 논거의 확보가 필요하다. 그래서 환국과 밝족에 대한 직접적인 논거를 동양의 고전 『시경』에서 찾아보고자 하는 것이다.

"현왕 환발玄王桓發"은 『시경』의 상송商頌 장발편長發篇 가운데 나오는 내용이다. 상송은 상나라시대의 송가이고 상나라는 우리 한민족과 뿌리가 같은 동이민족이 중원에 진출하여 세운 국가이다. 그런데 상나라의 뿌리를 설명하는 송가 가사 가운데 "현왕 환발"이라는 네 글자가 등장한다.

여기 "현왕 환발玄王桓發"에 보이는 환桓은 우리민족의 환인桓因, 환웅桓雄, 환국桓國의 환자와 글자가 동일하고 발發은 발조선發朝鮮의 발자와 동일하다. 그런데 주희는 환발桓發에 대한 주석을 하면서 무치武治 즉 무력으로 다스린다는 의미라고 풀이했다. 동이사와 한국사에 조예가 부족했던 주희로서는 "환발" 두 글자를 보면서 환국과 발조선을 연상하기는 쉽지 않았을 것이다. 그러나 『삼국유사』에 환인·환웅이 나오고 『관자』에는 발조선이 등장한다. "환발"은 한국 상고사의 뿌리를 상징하는 두 단어이다. 지금 한국에서는 『환단고기』의 영향으로 "환단"으로 널리 호칭되고 있지만 "환단"과 "환발"은 실상 글자만 다를 뿐 한국사의 시원 "환밝"을 지칭한다는 점에서는 동일하다.

한국 상고사의 뿌리에 해당하는 환국과 단군은 『삼국유사』와 같은 우리나라 사서에는 나오지만 중국 선진시대 문헌에서는 이를 뒷침받할만한 기록이 발견되지 않았기 때문에 그동안 환국은 선사시대의 사전사로, 단군조선은 실화가 아닌 신화로 취급을 당해 왔다.

『시경』은 선진시대의 문헌일뿐만 아니라 동양의 대표적인 경전 중의 하나이다. 그런데 이 『시경』에 한국 상고사를 상징하는 두 단어 "환단"과 발음과 뜻이 동일한 "환발"이 등장한다는 것은 특별한 의미가 있는 것이다.

　상고시대에 우리 한민족과 동일한 민족이었던 상나라 시조 이야기에 등장하는 "현왕 환발"을 추적하면 그동안 베일에 가려졌던 한국 상고사의 환국과 밝족에 대한 정체가 드러나게 되고 그러면 환국과 밝족의 한국 상고사는 『시경』이라는 동양의 고전을 통해서 실체가 새롭게 밝혀지는 놀라운 결과로 이어지게 될 수 있는 것이다.

2) 현왕玄王은 누구인가

『시경』의 장발편에 나오는 "현왕 환발"은, 글자는 비록 네 글자 밖에 안되지만 여기에는 한국상고사의 매듭을 풀어줄 엄청난 비밀이 숨겨져 있다는 느낌을 지울 수가 없다. 그것은 아마도 "환발"이라는 글자가 지니고 있는 우리 민족사적 의미 때문일 것이다. 그러나 역사는 문학과 달리 느낌이나 상상만으로 결정되는 영역이 아니다. 철저한 고증을 통해서만이 실재 역사로서 인정될 수가 있는 것이다.

　먼저 관련자료를 중심으로 "현왕 환발"에서의 현왕이 누구를 가리키는 것인지 살펴보고 뒤이어 "환발"이 과연 우리민족의 환국, 밝족과 어떻게 연관이 되는가에 대해서 알아보기로 한다.

　현왕은 누구인가에 대해서 "현왕은 설契이다"라고 맨 먼저 말한 것은 모형毛亨과 모장毛萇이 전수한 『시경』에서이다. 모씨의 『시경』 주석에서 이렇게 말했고 이어서 정현鄭玄이 그 설을 추종했으며 주희가 『시경』 주석을 내면서 모전毛傳의 설을 따랐다.

상송 장발편의 현왕을 상나라의 시조 설을 가리킨다고 보는 것이 지금까지 중국의 한족 학자들이 주장해온 통설이라고 할 수 있다. 그러나 나는 여기서 현왕에 대한 종래 한족 학자들의 시각을 배제하고 완전히 다른 새로운 견해를 제시하고자 한다.

『후한서』동이전에 의하면 "동이가 아홉가지 종류가 있는데 견이·우이·방이·황이·백이·적이·현이·풍이·양이이다(夷有九種 曰 畎夷 于夷 方夷 黃夷 白夷 赤夷 玄夷 風夷 陽夷)"라고 하였다. 이 기록을 통해서 우리는 상고시대의 동이족 가운데 현이玄夷라는 동이가 존재했었음을 알 수가 있다.

동한시대에 조엽趙曄이 쓴『오월춘추吳越春秋』의 월왕무여외전越王无余外傳에는 "꿈에 나타난 현이玄夷의 창수 사자蒼水使者가 하夏나라의 우왕에게 홍수를 다스리는 내용이 담긴 금간金簡으로 된 책을 전해주었다"라는 기록이 나온다. 이와 유사한 내용은『태평광기太平廣記』와『천중기天中記』등에도 실려 있다.

이는 치산 치수治山治水로 유명한 화하족의 하우夏禹가 그 원리를 동이족 현이의 사자에게서 전수받은 것을 알려주는 내용이라서 동이사적으로 볼 때 의미가 매우 크지만, 특히 하나라의 우왕시대에 현이玄夷가 실재했었음을 보여주는 귀중한 자료라고 하겠다.

『춘추좌전』소공 17년조에는 다음과 같은 기록이 실려 있다. "우리 고조 소호 지가 즉위하였을 때 봉황새가 마침 날아왔다. 그래서 새를 기준으로 하여 관직의 명칭으로 삼았다. 봉조씨는 달력을 맡았고 현조씨는 춘분과 추분을 담당했다(我高祖 少皞摯之立也 鳳鳥適至 故紀於鳥 爲鳥師而鳥名 鳳鳥氏 歷正也 玄鳥氏 司分者也)" 제비는 춘분에

왔다가 추분에 돌아간다. 이 기록은 우리에게 소호 금천씨 시대에 현조 즉 제비를 토템으로 한 현조씨가 존재했음을 말해주는데 이 제비를 토템으로 했던 현조씨가 바로 구이족 중의 현이玄夷가 아니었을까 여겨진다.

그런데 현조씨와 관련하여 주목되는 것은 『시경』 상송 현조편에 "하늘이 현조에게 명하여 내려와 상나라를 탄생시켰다(天命玄鳥 降而生商)"라는 기록이 나온다는 사실이다.

현조편은 상나라의 위대한 제왕인 고종高宗을 제사지낼 때 연주하던 음악의 가사로 알려져 있는데 여기에서 "현조가 상나라를 탄생시켰다"라고 말한 것을 본다면 상나라가 바로 현조를 토템으로 했던 동이 9족 중의 현이玄夷가 아니었을까 하는 추측을 가능하게 한다. 여기서 우리는 『시경』 상송 장발편에 말한 현왕玄王은 바로 현조를 토템으로 했던 동이 구족 중의 하나인 현이玄夷의 최고 지도자를 가리켜서 말한 것이라는 결론을 도출할 수 있다고 하겠다.

3) 현왕은 현도국玄都國의 국왕이다

주희는 상나라의 설契을 현왕이라 비정하고 "현은 심오하고 은미함을 지칭한다.(玄者 深微之稱)"라고 말했지만 나는 여기서의 현왕은 현조玄鳥를 토템으로 했던 현이玄夷의 최고 지도자를 가리킨 것이라고 본다. 그러면 현조를 토템으로했던 현이의 최고 지도자 현왕은 과연 구체적으로 누구를 지칭한 것일까.

『좌전』의 기록에 봉조씨와 함께 현조씨가 나오는 것을 본다면 그 시기는 씨족시대였던 것이 분명하다. 『시경』 상송 장발편의 현왕과 관련해서 생각해볼 수 있는 국가나 인물이 씨족시대에 과연 어떤 국가 어떤 인물이 존재했었는가.

상고시대에 현도국과 현도씨가 있었다는 기록이 중국의 선진시대 문헌에서 확인된다. 『일주서逸周書』 「사기편史記篇」에는 "옛적에 현도가 있었는데 귀신을 숭상했다.(昔者玄都 賢鬼道)"라고 하여 현도국玄都國에 관한 기록이 나오고 『죽서기년竹書紀年』 「오제기五帝紀」에는 "순임금 25년에 식신씨가 와서 조공하여 활과 화살을 바쳤다(舜二十五年 息愼氏來朝 貢弓矢)" "42년에 현도씨가 와서 조공하여 귀중한 구슬을 바쳤다.(四十二年 玄都氏來朝 貢寶玉)"라고 하여 식신씨와 함께 현도씨에 대한 기록이 보인다.

이 두 기록은 우리에게 상고시대에 현도국과 현도씨가 실재했음을 말해주는데 『시경』 상송 장발편에 말한 현왕은 바로 이 현도국의 국왕 현도씨를 가리킨 것이라 여겨지는 것이다. 왜냐하면 현도국이라는 국명의 현玄은 현조玄鳥를 토템으로 한 현이玄夷가 세운 나라에서 유래했을 가능성이 있고 현왕玄王은 바로 이 현도국의 국왕을 지칭한 표현일 가능성이 매우 높기 때문이다.

현도국의 국왕을 가리켜서 현왕이라고 했다면 베일에 가려진 상송 장발편의 현왕의 정체를 파악하기 위해서는 현도국 현도씨의 실체를 밝히는 작업이 선행되어야 한다. 아래에서 중국문헌에 나타난 현도국, 현도씨와 관련한 자료를 좀더 상세히 살펴보기로 한다.

4) 『노사路史』에 보이는 현도씨 여국黎國

『노사路史』 29권 「국명기國名紀」〈고국 오제지세古國 五帝之世〉조항
에는 "현도는 소호시대의 제후이다.(玄都 少昊時諸侯)"라는 기록이 보
인다. 이는 현도씨가 오제의 첫 제왕인 소호시대에 이미 제후諸侯로
서 존재했었다는 것을 말해준다. 이런 기록을 통해서 본다면 현도씨
는 태호 복희씨, 황제 헌원씨, 소호 금천씨와 동일한 시대에 활동했던
동아시아 역사에서 뿌리가 아주 깊은 씨족이라는 사실을 알 수 있다.

그런데 『노사』 17권 「후기後紀」 8〈고양高陽〉조항에 다음과 같
은 기록이 보인다. "소호씨가 쇠망하자 현도씨 여黎가 실로 천덕을
문란시켰다.(小昊氏衰 玄都氏黎 實亂天德)" 그리고 『노사』 29권 「국명
기國名紀」〈고국 오제지세古國五帝之世〉조항을 보면 이런 내용도 나
온다. "현도는 소호시대의 제후이다. 외전에 말하기를 '현도씨는 여
국이다'라고 하였다."(玄都 少昊時諸侯 外傳云 玄都氏黎國)"

이는 현도씨玄都氏의 원류를 밝히는데 있어 아주 결정적인 단서
를 제공해주는 기록이라고 본다. 여기서 우리는 "현도씨 여黎"는 바
로 여국黎國을 가리킨 것으로서 여국黎國이 바로 현도씨玄都氏의 나
라 이름이라는 것을 알 수가 있는 것이다.

5) 여국黎國과 구려국九黎國은 동일한 나라였다

이제 "현도씨玄都氏 여국黎國"이라는 『노사』의 기록을 근거로 현도
씨의 나라였던 여국이 과연 어떤 나라였는지 그 실체를 밝혀보기로

한다. 『노사路史』「국명기國名紀」의 〈상세후백지국여국商世侯伯之國 黎國〉 조항에는 다음과 같은 기록이 나온다. "여黎는 하나라의 제후 구려九黎이다. 두예는 말하기를 '동이족의 국가이다.'(黎夏諸侯九黎 預 云東夷國)라고 하였다." 이 기록에 따르면 상商나라 때 있었던 여국 黎國은 바로 하夏나라 때의 구려국九黎國으로서 여국과 구려국은 동 일한 나라였다는 사실을 알 수가 있다.

그러면 현도씨玄都氏의 여국黎國과 동일한 나라인 구려九黎는 과 연 어떤 나라인가. 춘추 전국시대의 저술인 『국어國語』「초어楚語」 에는 다음과 같은 기록이 나온다. "소호가 쇠망하자 구려가 덕을 어 지럽혔다.(少皞之衰也 九黎亂德)" 이것이 현존하는 문헌가운데 보이는 구려九黎에 대한 최초의 기록이다. 『국어』「초어」의 "소호가 쇠망하 자 구려가 덕을 어지럽혔다."라는 이 기록은 『노사』의 "소호씨가 쇠 망하자 현도씨 여가 실로 천덕을 문란시켰다.(少皞氏衰 玄都氏黎 實亂 天德)"라는 기록과 내용상에서 기본적으로 일치한다. 즉 같은 내용 을 소재로 다루고 있는 것이다.

다만 『노사』에는 『국어』「초어」에 비해서 현도씨玄都氏라는 기록 이 추가되어 있고 『노사』에 있는 여黎가 『국어』「초어」에는 구려九 黎로 대체되어 있을 뿐이다. 『국어』「초어」와 『노사』 두 기록의 내 용을 검토해보면 소호시대 말기에 발생된 동일한 사건에 대해 『노 사』가 좀 더 구체적으로 언급하고 있다는 사실을 알 수 있다. 이는 『노사』가 『국어』「초어」보다 후기인 송宋대에 편찬된 저술로서 『국 어』「초어」의 기록을 바탕으로 거기에 다른 상고사 관련 자료를 참 고하여 약간의 보완을 한 것과 관련이 있다고 하겠다.

따라서 우리는 여기서 『국어』「초어」에서 말한 구려九黎와 『노사』에서 말한 현도씨 여玄都氏 黎는 표현은 서로 다르지만 그 실체는 동일하다는 결론에 도달할 수 있는 것이다.

6) 구려九黎는 9개 부족으로 형성된 치우蚩尤의 부족국가

그러면 여黎를 구려九黎라고도 하여 여와 구려를 동일한 개념으로 사용하게 된 배경은 무엇일까. 『국어』「초어」의 다음 주석에서 그 이유를 찾을 수 있다. "여씨 9인은 치우의 무리이다.(黎氏九人 蚩尤之徒也)" "여씨 9인은 치우의 무리이다."라는 이 주석을 통해서 우리는 소호少皞시대의 여씨黎氏 부족은 하나가 아니라 모두 9인으로 구성되어 있었으며 그래서 그들을 구려九黎라고 지칭했다는 사실을 알수가 있는 것이다.

구려九黎라는 표현은, 그들은 상고시대에 하나의 부족연맹을 형성한 민족 집단이었으며 단순한 하나의 개체적 존재가 아니었음을 보여 준다고 하겠다. 세계의 어느 민족이나 국가를 물론하고 형성초기에는 부락을 통해서 차츰 발전해왔다. 구려九黎는 상고시대에 모두 9개의 부족으로 형성된 동아시아 최초의 부족국가의 명칭이었던 것이다.

7) 구려의 치우蚩尤가 바로 현도씨玄都氏다

위에서 우리는 『노사路史』에 말한 "현도씨 여玄都氏 黎"의 여黎는 『국어國語』에 나오는 "구려九黎"와 실체가 같은 존재라는 사실을 확인하였다. 그런데 고대 사서의 여러 기록을 통해서 구려의 최고 지도자가 바로 치우천왕이었다는 사실을 발견하게 된다. 『국어』「초어」의 주석에서 "여씨 9인은 치우의 무리이다.(黎氏九人 蚩尤之徒也)"라고 말하였다는 것은 앞에서 이미 언급한 바 있다. 그 밖에 『상서尙書』「여형呂刑」 주석에는 "구려의 임금은 호를 치우라고 한다.(九黎之君, 號曰蚩尤)"라고 말하였고 당唐 육덕명陸德明의 『상서석문尙書釋文』에는 마융馬融의 "치우는 소호시대 말엽 구려국 군주의 명칭이다.(蚩尤 少昊之末 九黎君名)"라는 설명을 인용하고 있다.

『전국책戰國策』「진책1秦策一」 고유高誘 주석에서는 "치우는 구려 백성의 군자이다.(蚩尤九黎民之君子也)"라고 말하였고 『사기史記』「오제본기」〈정의正義〉에서는 공안국孔安國의 "구려의 임금은 치우라고 호칭한다.(九黎君 號蚩尤是也)"라는 말을 인용하고 있다. 『사기史記』「오제본기」의 〈집해集解〉 『여씨춘추呂氏春秋』「탕병蕩兵」 등에도 치우蚩尤가 구려九黎의 임금으로 기술되어 있다. 여기서 우리는 구려국九黎國의 최고 지도자가 치우로서 치우蚩尤가 바로 현도국의 현도씨였다는 사실을 알 수 있다고 하겠다.

태호는 복희씨, 염제는 신농씨, 소호는 금천씨, 황제는 헌원씨로 호칭된다. 이 밖에도 『서경』에는 숙신씨, 『좌전』에는 봉조씨, 현조씨, 『사기』「오제본기」에는 식신씨 등에 대한 기록이 나온다. 이것은 상고시대에 존재했던 씨족사회의 실체를 말해 준다고 하겠다.

치우蚩尤는 황제黃帝시대에 서방의 황제와 맞서 싸운 동이 구려 부족의 대표적인 지도자였다. 그렇다면 복희·신농·황제처럼 그에게도 당연히 치우라는 명사 앞에 따라 붙는 씨족명칭이 있어야 사리에 맞다. 그런데 우리는 그동안 치우의 씨족명칭이 무엇인지에 대해서 알 길이 없었다. 왜냐하면 한족漢族이 중원의 집권세력으로 등장한 이후 황제黃帝와 대항해 싸운 치우蚩尤를 의도적으로 비하시켜 각종 기록에서 치우의 앞에 씨족명칭을 첨가하여 정중하게 예의를 갖추어 호칭한 경우가 드물었기 때문이다.

그런데 『노사』에서 말한 "현도씨 여玄都氏黎"라는 기록을 바탕으로 관련 문헌을 추적하여 구려의 최고 지도자인 치우가 바로 현도씨였다는 사실을 밝혀낸 것은 우리가 그동안 잃어버렸던 치우蚩尤의 씨족명칭을 다시 되찾은 것으로서 동이사적東夷史的으로 볼 때 매우 특별한 의미가 있다고 하겠다.

8) 현도씨玄都氏 치우 최초로 금속무기 발명

『세본世本』「작편作篇」에는 "치우가 다섯가지 병기를 창조했다.(蚩尤作五兵)"라는 기록이 나온다. 이것은 동아시아에서 치우가 최초로 금속을 사용하여 무기를 만들었다는 것을 말해준다.

치우가 당시 다른 부족에 앞서 먼저 선진적인 병기를 발명한 사실은 『관자管子』「지수편地數篇」에도 나와 있다. "치우는 갈로산葛盧山에서 흘러나오는 금속수金屬水를 이용하여 검劍·개鎧·모矛·극戟을 제조하여 9개 제후국가를 겸병하고 또 옹호산雍狐山에서 흘러나오는 금속수金屬水를 이용하여 장과長戈, 단과短戈를 제조하여 12 제후국을 합병했다"라고 기록되어 있다.

몽둥이 돌팔매를 가지고 싸우던 상고시대에 금속무기의 발명은 비록 자연동自然銅을 이용한 것에 지나지 않는다 하더라도 실로 한 시대의 획을 긋는 대발명이었다. 그래서 치우는 당시에 이와 같은 선진적인 무기를 이용하여 모든 전쟁을 승리로 이끌며 사람들로부터 전신戰神으로 추앙을 받았다. 선진적인 병기와 뛰어난 전략으로 동이족의 활동무대를 중국 동북방에서 동남방까지 크게 확대시킨 것이 현도씨玄都氏 치우蚩尤였던 것이다.

9) 치우蚩尤는 소호小昊를 계승하여 천하를 다스린 제왕

치우의 구려九黎 부족들은 어느 지역을 근거지로 활동하였는가. 대략 오늘날의 서요하西遼河, 황하黃河의 하류와 장강長江 하류의 사이, 즉 조하潮河, 제수濟水, 회수淮河, 요수遼水 유역 일대에서 활동하였다. 좀 더 구체적으로 말하면 오늘날 중국의 하북성·요녕성·하남성·산동성·산서성 등지가 이들 구려九黎 부족이 활동하던 지역에 해당한다.

그러면 이 일대를 구려족九黎族이 살던 지역으로 보는 주요 근거는 무엇인가. "갈석산碣石山 부근 요서遼西지역으로부터 동쪽으로 12,000리가 동방의 지도자 복희伏羲의 통치 구역이었다"라는 기록이 『회남자淮南子』에 나온다.

『회남자』의 기록에 의거하면 태호는 중국의 요수 서쪽에 있는 갈석산으로부터 동쪽으로 후일 조선국, 대인국 등이 건국되었던 지역 12,000리를 맡아 다스린 동이족의 제왕이었다.

태호 복희씨는 단군檀君이 발해유역에서 고조선을 건국하기 앞서 동방의 태양이 밝게 떠오르는 밝달에서 태양을 숭배하던 밝달민족을 지배한 동이족의 초기 지도자였다. 그의 호칭 태호 복희에서 그가 곧 밝달민족의 지도자였음이 드러난다. 태호의 클 태(太)자와 밝을 호(昊)자는 우리말로 표현하면 '한밝'이 되고 복희伏羲는 '복'은 '박'의 음차이고 '희'는 '밝을 희' 자로 역시 밝달의 의미와 가깝다.

소호는 밝달족의 지도자 태호를 계승하여 제왕이 된 동이족의 지도자이며 따라서 그 이름을 태호太昊에서 호昊자를 따고 호昊자 앞에는 소자를 덧 붙여서 소호小昊라고 말함으로써 태호太昊와의 계승 관계가 분명하게 나타나 있다고 하겠다.

『일주서逸周書』「상맥편嘗麥篇」에는 "석천지초昔天之初……명치우命蚩尤 우우소호宇于少昊 이임사방以臨四方"이라는 기록이 있다. 여기서 말하는 "우우宇于"의 우宇자는 주住자와 같은 글자로서 "우우宇于" 두 글자는 "주우住于"라는 의미로 해석해야한다. 바로 치우蚩尤를 명하여 원래 소호씨小昊氏가 살았던 지방에 거주하도록 하였다는 뜻이다. 그리고 "이임사방以臨四方" 즉 "사방에 군림하였다"라는 기록을 통해서 본다면 당시 치우는 소호小昊의 뒤를 계승하여 천하를 다스린 제왕의 위치에 있었음을 미루어 짐작할 수 있다.

『삼성기전』 상편에는 "신시의 말엽에 치우천왕이 청구로 강역을 넓혔다(神市之季 有蚩尤天王 恢拓靑丘)"라고 하였고 『삼성기전』 하편에서는 "14세 자오지 환웅을 세상에서는 치우천왕이라 호칭하는데 도읍을 청구국으로 옮겼다(十四世 慈烏支桓雄 世稱蚩尤天王 徙都靑邱國)"라는 기록이 보인다. 이는 우리나라의 선가사서인 『삼성기전』에 의해서도 치우천왕이 강역을 크게 넓혀 천하에 군림한 사실이 뒷받침되는 것이라고 하겠다.

10) 현도국의 국왕 치우蚩尤가 바로 현왕玄王이다

위에서 우리는 여러 문헌을 통해서 구려부족 국가의 군주 치우가 바로 현도국의 현도씨였다는 결론을 얻을 수가 있었다. 그런데 이 현도국의 국왕 치우가 바로 『시경』 상송에서 말한 현왕이었다고 나는 여긴다. 현도씨 치우를 현왕이라고 보는 이유는 다음과 같은 세 가지로 요약된다.

첫째 상나라의 시조 설은 일생동안 제왕이 된 일이 없었다. 그러나 치우는 소호少嗥를 계승하여 천하를 다스린 제왕이었다는 것이 『일주서逸周書』의 "사방에 군림하였다(以臨四方)"라는 기록으로 증명되고 있다. 그러므로 『시경』에서 말한 현왕은 상의 설이 아니라 치우를 가리킨다고 보는 것이 합리적이다.

둘째 상나라의 시조는 이름이 설인데 설은 명칭 상에서 『시경』의 현왕과 아무런 관련이 없다. 그의 씨족명이 현씨였다거나 국가명이 현국이었다는 어떠한 근거도 찾을 수 없다. 그러나 치우는 씨족명이 현도씨였고 국가명이 현도국이었다. 그러므로 현왕은 치우를 가리킨다고 보는 것이 논리적이다.

셋째 상나라의 설은 작은 땅에 봉해진 일은 있지만 대국을 다스린 일이 없다. 그런데 상송 장발편에서는 현왕이 "소국을 받아도 통달하고 대국을 받아도 통달했다(受小國是達 受大國是達)"라고 말했다.

이는 치우천왕이 새로운 무기를 개발하여 여러 크고 작은 제후 국가들을 굴복시키며 국가의 강역을 크게 확대시킨 과정을 설명한 것이다. 그러므로『시경』의 현왕은 설이 아니라 치우천왕으로 보는 것이 훨씬 더 설득력이 있다고 하겠다.

11) 여국黎國, 구려국, 현도국, 환국桓國은 동일한 나라의 다른 호칭이다

『상서尙書』「요전편堯典篇」서두에 요임금이 "만방을 화해 협력하도록 하니 여민黎民이 변화를 일으켜 화합하였다.(協和萬邦 黎民於變時雍)"라는 내용이 나온다. 여기 보이는 '여민黎民'을 채침蔡沈은 "여는 검은 것이니 백성들의 머리는 다 검다. 그러므로 여민이라 한 것이다.(黎黑也 民首皆黑 故曰黎民)"라고 말하여 "머리가 검은 백성이다"라는 의미로 풀이했다.

하지만 채침이 '여민'을 머리가 검은 백성이라고 해석한 것은 현도씨 여국에 대한 조예가 부족했던 데서 온 견강부회라고 본다. 백성들은 머리가 검은 젊은 청년만 있는 것이 아니라 반백도 있고 백발 노인들도 있지 않은가.『상서』의 여민黎民은 바로 여국黎國의 백성을 가리킨 것으로서 동아시아 최초의 부족 국가인 이들 여국의 구려九黎 부족집단에서 유래된 표현이라고 하겠다. 그러니까 여민은 본래 여국의 백성이라는 고유명사에서 뒤에 일반 백성을 가리키는 보통명사로 바뀌게 된 것이다.

이들 동아시아 최초의 백성 여민이 살던 나라인 여국은 최초로 동銅을 사용하여 병기兵器를 제조했고 형법刑法을 제정하여 백성을 다스렸다. 동아시아의 역사가 이들에 의해서 첫 걸음을 떼었고 동아시아의 문명이 이들에 의해서 첫 문이 열렸다. 그러면 상고의 전설시대에 동아시아 대륙에서 최초로 인간 공동체를 형성하고 부족국가를 건국한 이들을 가리키는 이름이 왜 하필이면 여黎였을까.

여黎는 새벽 녘 동이 틀 때를 가리키는 용어로서 여명黎明을 뜻한다. 이들 여족黎族 집단은 먼 옛날 아침 해가 선명하게 떠오르는 동방의 밝은 땅, 밝달에서 터전을 이루고 살았다. 그래서 그들 민족은 밝달민족, 그들 나라는 밝달나라로 불렸는데 이것을 한자漢字로 기록하는 과정에서 그 의미에 걸 맞는 글자를 선택한 것이 여黎, 여씨黎氏, 여국黎國이었고 , 또 이를 음차하여 한자 발음으로 표기한 것이 환하다는 환桓이고 밝다는 밝發이었을 것은 짐작이 가는 일이다.

따라서 한자 표기 여黎는 검다는 뜻이 아니라 여명의 뜻으로 우리말 밝달에 어원을 두고 있으며 우리민족의 고조선 건국 이전의 환국桓國시대, 배달시대가 바로 이 여국黎國시대, 구려九黎시대였다고 하겠다. 한 나라를 지칭하는 명칭은 다양하게 불려지는 경우가 많다. 시대에 따라서 호칭이 다르고 또 약칭이냐 전칭이냐에 의해서도 명칭이 달라진다. 가령 우리나라를 예로 들면 고려, 조선, 한국은 시대에 따라서 명칭이 달라진 경우이고 한국은 대한민국을 줄여서 부르는 약칭이다.

중국은 한자로는 중국中國으로 표기하지만 영어로는 china라고 표기한다. 현대 중국의 정식명칭은 중국공산당이고 약칭은 중공이 된다. 일본은 본래 왜라는 이름으로 호칭되어 오다가 나중에 일본으로 바뀌었다.

우리나라가 삼국시대에 고구려, 백제, 신라로 나뉘어졌지만 삼국시대 이전에는 부여였고 부여 이전에는 밝조선이었다. 고구려, 백제는 부여의 별종이고 신라는 고조선의 유민이 세운 나라라고 중국의 정사와 한국의 『삼국사기』에 기록되어 있다. 그러므로 고구려, 백제, 신라는 이름만 다를뿐 실제는 민족의 뿌리가 같은 밝달민족 국가였다.

상고시대 구려 부족의 현도국과 환인 환웅의 환국은 이름은 서로 다르지만 실제는 같은 민족이 세운 동일한 나라였다고 보는 이유를 설명하면 아래와 같다. 첫째 현도국의 현玄 자는 『역경易經』 곤괘坤卦에서 말한 "천현이지황天玄而地黃", 『천자문千字文』의 "천지현황天地玄黃"에서 보는 바와 같이 천현天玄 즉 하늘을 상징하는 단어다.

하늘의 태양은 환하고 둥글다. 『삼국유사』에 보이는 환인桓因, 환웅桓雄의 환桓은 우리말의 "환하다" "밝다"의 한자 표기라고 본다. 현도의 현과 환국의 환은 음차표기 상에서 글자는 달라졌지만 하늘이라는 상징성이 지닌 이미는 같다고 하겠다.

둘째 현도국의 현은 현조를 토템으로 했던 현조씨의 새 토템과 관련이 있고 새 토템은 하늘을 숭배하는 태양토템의 연장 선상에 있다. 환국의 환은 환하다 둥글다는 것을 지칭한 것으로서 하늘의 밝은 태양을 상징한다. 하늘의 밝고 환한 태양광명을 숭배했던 밝달민족을 한자로 음차한 것이 환이다. 현도국은 태양숭배의 연장선상에서 새를 토템으로 하였고 환국의 환에는 태양숭배와 함께 새 토템을 내포하고 있으므로 환국과 현도국은 토템이 같았다고 말할 수 있다.

셋째 현도국의 최고 지도자는 현도씨 치우 현왕이었다는 것이 앞에서 여러 중국 문헌자료를 통해서 증명되었다. 바이칼에서 시작한 환웅의 환국은 오늘날의 내몽골 적봉시로 이동하여 홍산 환국시대에 전성기를 맞이했다. 그런데 이 홍산시기 환국의 최고 지도자가 14대 환웅 치우천왕이었다는 것이 『삼성기전』에서 전해지고 있다. 현도국과 환국은 그 나라를 다스린 최고 지도자가 치우환웅이었다는 공통분모를 발견할 수 있다.

넷째 『해내십주기海內十洲記』 「현주玄洲」에는 "위에 대현도국이 있는데 선백 진공이 다스리는 곳이다.(上有大玄都 仙伯眞公 所治)"라고 말하였다. 김부식의 『삼국사기』에는 평양을 "선인 왕검이 거주하던 곳이다(仙人王儉之宅)"라고 하였는데 선백 진공이 다스리던 현도국과 선인 왕검이 거주하던 평양은 신선들이 사는 나라라는 공통점을 갖고 있다.

상고시대 고조선의 임금들은 모두 선인들이었고 구려 부족의 현도국은 또한 신선의 도가 최고의 경지에 이른 선백 진공이 다스린 나라 였다는 점에서 이들 양자의 사이에는 선仙이라는 일맥상통하는 요소가 있다. 그런데 평양에 거주했던 선인왕검은 바로 환국 환웅의 아들 단군왕검이었다는 것이 『삼국유사』의 기록을 통해서 확인된다. 여기서 우리는 선백 진공의 나라 현도국은 바로 단군의 아버지 환웅의 나라 환국이라는 추측을 할 수가 있는 것이다.

다섯째 『노자老子』에서 "현지우현玄之又玄 중묘지문衆妙之門"이라 말한 데서 보듯이 도가의 중심사상은 현인데 이 도가의 중심사상인 현은 그 원류를 추적하면 선백 진공이 다스린 나라 현도국의 현사상에 뿌리를 두고 있다고 본다. 현도국의 핵심사상이 천현天玄 즉 현玄이었던 것이다. 그런데 『삼국사기』에서 최치원은 "신라국에 현묘玄妙한 도가 있으니 이를 풍류도라고 한다.(國有玄妙之道 曰風流)"라고 하여 신라국의 고유한 사상이 현묘지도이고 그것의 다른 이름은 풍류도라고 하였다. 풍류는 풍월風月의 다른 말로서 우리말 밝달도를 가리킨 것이다.

신라는 고조선의 유민이 모여서 세운 나라이고 고조선은 환웅천왕의 아들 단군에 의해서 건국된 나라이다. 신라의 밝달도 즉 현묘지도는 환웅의 환국에서 단군의 밝조선으로, 다시 신라로 계승된 것임을 알 수가 있다. 환웅의 환국에 뿌리를 두고 있는 신라의 현묘지도의 현은 바로 현도국의 천현天玄의 현으로서 이는 현도국과 환국이 현이라는 동일한 사상적 체계를 가진 나라였다고 해석할 수 있는 근거가 되는 것이다.

여기서 우리는 다음과 같은 결론에 도달할 수 있다고 본다. 상고의 소호씨시대에 현도국이라는 나라가 있었으며 중국문헌에는 현도씨·현도국·여·구려 등 여러 가지 다양한 이름으로 나타나는데, 현도씨는 씨족을, 현도는 도읍을, 여, 또는 구려는 부족을 중심으로 말한 것이며 따라서 이름은 다양하지만 실체는 하나였다고 하겠다.

그러면 『죽서기년』에 말한 현도씨, 『일주서』에 말한 현도국은 『시경』에서 말한 "환발", 『삼국유사』에서 말한 환인, 환웅의 환국과는 어떤 관계가 있으며 또 어떤 차이가 있는 것인가. 현도국이 적봉 홍산시대의 현도씨 환국을 가리키는 국한적인 명칭이라면 환국은 천산시대의 환인씨 환국, 바이칼시대의 환웅씨 환국, 홍산시대의 현도씨 환국을 모두 아우르는 통칭, 다시 말하면 고조선이전 상고시대 밝달민족 국가에 대한 별칭이 아닌 정식명칭이 환국이 아니었을까 여겨진다.

그리고 여국의 구려가 이들 현도씨 아홉 개 부족을 가리키는 용어였다면 『시경』에서 말한 "환발"의 밝은 환국 구려 부족의 종족을 지칭하는 명칭이었다고 하겠다. 결론적으로 말하면 구려는 부족의 명칭이고 밝은 종족의 명칭이며 현도는 씨족명과 수도명을 겸한 호칭이고 현도국은 홍산시대에 국한 된 국가명칭이며 환국은 환인씨 밝산시대, 환웅씨 바이칼시대, 치우 현도씨 홍산시대를 통칭하는 국가명칭이었던 것이다.

12) 현도씨玄都氏 환국의 중심지는 어디인가

그러면 현도씨 치우 현왕이 거주했던 현도국의 중심지는 어디였을까. 다시 말하면 구려부족의 최고 지도자 현도씨玄都氏 치우蚩尤 현왕이 직접 통치했던 현도국의 수도 서울은 과연 어디에 있었을까.

『산해경山海經』에는 "대황 동북쪽 모퉁이에 산이 있는데 그 이름을 흉려 토구라 한다.(大荒東北隅中有山, 名凶犁土丘)"라는 말이 나오는데 여기서 말하는 여산犁山이 바로 여산黎山이다. "흉여 토구"에서 토구는 산을, 여는 여산을 가리키고 흉은 여산을 설명하는 형용사로서 치우를 폄하하기 위해 앞에 이런 나쁜 의미를 가진 형용사를 덧붙인 것이다.

대황大荒의 동북쪽 모퉁이라면 중원지역이 아닌 중국의 동북방

초원지대 오늘날의 내몽골 일대를 가리키는 것이 확실하다. 그리고 치우가 황제黃帝의 침략을 맞아 싸운 곳도 지금의 하북성 탁록涿鹿 일대였다. 따라서 이런 문헌 기록과 당시의 정황에 비추어 검토해본 다면 후일 치우족의 활동 무대는 중국의 동방·동북방·동남방으로 널리 확대되었지만 현도씨玄都氏 치우 구려부족의 중심지는 동북방, 특히 동북방의 요서遼西 지역에 있었으리라는 것을 짐작할 수 있다.

근래에 동북방의 발해유역 요서 일대에서 발굴된, 신비왕국으로 평가되는 홍산문화紅山文化는 바로 5,000년전 고조선에 한발 앞서서 건설된 상고시대의 문화유적이다. 이 홍산문화가 바로 현도씨玄都氏 치우구려부족의 현도국의 실체, 환웅의 환국의 존재를 증명하는 실물유적이라고 하겠다.

13) 홍산문화紅山文化 유적지 내몽골 적봉시 일대가 바로 현왕 치우 환국의 수도

지금으로부터 5,000년 전후 오늘날의 내몽골 적봉시를 중심으로 그 부근 지역에 건립된 홍산문화는 하늘과 땅에 제사지내는 대형제단, 여신을 모시는 신전, 사자의 무덤인 적석총으로 상징된다. 홍산의 제단, 여신묘, 적석총은 북경의 천단, 태묘, 13릉과 동일한 의미를 지닌 구조로 형성된 것으로서 중국의 고고학계에서는 이를 건국전 야의 유적으로 평가한다.

동일한 시기 전 중국에서 가장 선진적인 문화로 평가되는 요서 遼西의 홍산문화는 동아시아에 문명의 새벽을 연 서광으로 인식되면서도 그동안 그 문화를 일으킨 주역이 과연 누구인지 실체가 분명하게 밝혀지지 않았다. 그런데 『사기』에는 치우가 북경시 서쪽 하북성 탁록에서 황제와 전쟁을 벌인 내용이 기록되어 있다. 또『산해경山海經』에는 치우의 활동 근거지가 본래 초원의 동북방 모퉁이에 위치한 여산黎山이라 말하고 있는데 이 여산이 바로 오늘날 동북방 요서의 홍산문화가 발굴된 지역일 가능성이 매우 높다. 따라서 오늘날 홍산문화가 발굴된 내몽골 적봉시 일대가 바로 현도씨玄都氏 치우 구려부족의 중심지, 즉 환국의 수도인 현도였고 현도씨 치우 구려부족이 곧 홍산문화 건설의 주역이라 하여 크게 틀린 말이 아닐 것이다.

동한시대 태산태수를 역임했던 응소應劭(약서기 153~196)가 지은 『풍속통의風俗通義』에는 "현도는 옛 제후국이다. 자손들이 나라이름으로써 성씨를 삼았다(玄都 古諸侯國 子孫以國爲氏)"라고 말하였다. 오늘날 한국과 중국을 비롯한 세계의 현씨들은 현도국의 현왕 치우의 후손들로서 그 혈통을 잇고 있다는 사실을 알 수 있다고 하겠다.

— 현창기, 『연주현씨원류사연구』 제1부, 현씨의 원류는 어떻게 이루어졌는가 참조.

14) 환국의 현왕 치우蚩尤는 승리의 화신이었다

서방의 황제가 중원으로 진출하여 집권한 이후 다른 부족들의 반란을 잠재우기 위해 치우의 화상畵像을 각 지역에 내걸도록 하여 사방을 진정시키고 천하를 안정시켰다는 일화가 전해진다.

이 일화는 승리의 화신 치우가 황제黃帝보다도 제후들에게 더 위풍이 있었음을 반영하는 것으로서 당시 치우의 위상이 황제를 훨씬 능가하였음을 단적으로 설명해 준다고 하겠다.

『주례』에 의하면 서주시대에 국가에서 군사훈련을 할 때는 먼저 군신에게 제사를 지냈는데 그 군신이 바로 치우현왕이었다. 치우를 군신으로 추앙하는 전통은 진시황제를 거쳐 한나라시대까지 이어졌다.

진시황은 통일천하를 이룩한 뒤에 치우현왕을 병신兵神으로 받들었고 한漢왕조를 창건한 유방은 출전을 앞두고 치우현왕에게 승리를 기원하는 제사를 지냈다고 전한다. 이러한 기록들은 치우현왕이 지난 중국 역사상에서 승리의 화신으로서 추앙되었음을 반증한다.

그런데 치우가 오늘날은 패자와 악마로 폄훼되어 있는 것은 유가의 존화양이 사상의 영향에 의한 것이다. 치우현왕은 공자에 의해서 악마로 전락되었고 사마천에 의해서 패자의 굴레가 덮어 씌워졌다. 그러나 치우는 바로 환국의 전성기 적봉시대 홍산문화를 일으킨 구려부족국가의 최고 지도자 현왕으로서 그 자손들이 중원에 진출하여 세운 나라가 상나라였고 동북방 발해유역에 건설한 나라가 밝조선이었다. 치우는 환국 밝족의 제왕이자, 현도국의 현왕으로서 동이민족과 화하족 모두로부터 승리의 화신으로 추앙받은 위대한 영웅이었다.

『죽서기년』, 『일주서』, 『노사』를 통해서 치우의 씨족명이 현도씨라는 사실이 최초로 밝혀졌다. 잃어버린 치우현왕의 씨족명을 되찾은 것이다. 또한『시경』상송을 통해서 치우가 환국 밝족의 조상으로서 상나라의 시조이자 홍산환국인 현도국의 국왕이었다는 사실이 최초로 밝혀졌다. 이것은 한국 상고사 아시아의 상고사에 한획을 긋는 대수확이라고 하겠다.

3.『시경』으로 다시 찾는 밝족의 역사

1)『시경』상송 장발편에 나오는 "장발長發"과 "환발桓發(撥)"

『시경』상송 장발편에는 "준철유상濬哲維商 장발기상長發其祥" "현왕환발玄王桓發" "수시기발遂是旣發"이라 하여 짧은 시가의 한 문장 앞부분에 발자가 무려 3번에 걸쳐서 연이어 등장한다.

발發 자는 상송 장발편에서 상족의 출발을 설명하는 첫 단원에서 "장발기상長發其祥"이라 하여 서두에 나와 그로 인해 장발이 시가의 제목이 되었다. 둘째 단원에서는 상나라의 시조를 설명하는 내용 가운데 "현왕 환발玄王桓發" "수시기발遂視旣發" 등 두 번에 걸쳐서 등장한다. 똑 같은 글자가 한 문장 안에서 이렇게 여러번 등장하는 것은 이유가 있는 것이다. 무엇보다도 상나라의 출발과 상민족의 시조를 설명하는 내용 가운데 발자가 이렇게 집중적으로 보인다는 사실에 주목할 필요가 있다.

주희는 여기 등장하는 발자를 세군데 각각 모두 다르게 해석했다. 맨처음 나오는 "장발기상"의 '발'자는 발현發現의 발자로 해석했고 두 번째 나오는 현왕 환발玄王桓發의 '발'자는 다스릴치治 자의 의미로 해석했으며 세 번째 나오는 수시기발遂視旣發의 '발'자는 호응呼應한다는 의미로 해석했다.

주희가 '발'을 발현으로 해석한 것은 『중용中庸』에 "희·노·애·락이 발현되지 않은 상태를 중이라 한다.(喜怒哀樂之未發, 謂之中)"라고 말하였으니 그래도 그 해석의 근거가 있다고 말할 수 있다. 그러나 '발'을 다스릴치 자로 해석하거나 응할응 자와 같은 뜻으로 해석한 것은 다른 경전에서는 그러한 선례를 찾아보기 어렵다. 오직 이 문장에서만 '발'자에 대해 그러한 특이한 해석을 발견할 수 있는데 이것은 주자의 해석이 근거가 희박한 견강부회라는 것을 말해주는 단서라고 하겠다. 여기에 왜 이렇게 '발'자가 여러번 들어가 있는지 정확한 이해가 부족하다보니까 주희는 억지로 자의적인 해석을 한 것이라고 본다.

문장을 쓰는데 있어서 가능하면 중복을 피하는 것은 예나 지금이나 불변의 법칙이다. "현왕 환발玄王桓發"에서 "환발"이 지니고 있는 본래 뜻이 주자의 말대로 "무치武治" 즉 무력으로 다스리는 것이라면 상송의 저자가 왜 애당초 "현왕 무치玄王武治"라고 쓰지 않고 굳이 "현왕 환발玄王桓發"이라고 썼겠는가.

그리고 "수시기발遂視旣發"의 '발'자도 주자의 말대로 "수시기응遂視旣應"의 의미라면 처음부터 그렇게 응할응 자를 써야지 왜 굳이 앞에서 이미 썼던 "환발"과 동일한 '발'자를 다시 사용하여 "수시기발遂視旣發"이라 하였겠는가. '발'자가 이렇게 동시 다발적으로 들어간데는 거기에 무언가 그만한 특별한 이유가 있는 것이 아니겠는

가. 여기서 '발'은 일반적인 수식어가 아니라 고유명사이며 고유명 사이기 때문에 상송 시가의 저자가 글자를 바꾸어 변화를 주지 못 했고 불가불 동일한 문장 안에서 반복적으로 나타날 수 밖에 없었 다고 하겠다.

아래에서 '발'자가 형용사나 동사와 같은 일반 용어로 사용되지 않고 상고시대에 민족을 가리키는 고유명사로 사용된 경우를 여러 문헌에서 그 실례를 찾아 주희와 다른 나의 관점을 설명하기로 한다.

2) 『시경』 상송의 "장발長發"에 대한 나의 관점

『사기史記』 오제본기五帝本紀에는 다음과 같은 기록이 나온다. "남쪽 으로는 교지·북발, 서쪽으로는 융·석지·거수·지·강, 북쪽으로는 산융·발·식신, 동쪽으로는 장이·조이를 어루만져주니 사해의 안 이 모두 제순의 공로를 떠받들었다.(南撫交阯 北發 西戎 析枝 渠廋 氐 羌 北山戎 發息愼 東長鳥夷 四海之內 咸戴帝舜之功)"

『사기』 오제본기의 제순본기에, 우리에게 널리 알려진 산융·식 신·조이 등과 함께 장이長夷와 발發이 등장하는 것을 본다면 장이 와 발은 상고시대에 존재했던 민족을 가리키는 명칭임을 알 수가 있 는 것이다.

다만 여기 나오는 "동장조이東長鳥夷"의 어른장長 자를 과연 장이 長夷라는 동이족의 명칭으로 해석하는 것이 합당한가에 대하여 이의 를 제기하는 사람이 없지 않을 것이다. 왜냐하면 『후한서』 동이열전 에 말한 구이九夷에 "장이"라는 동이는 포함되어 있지 않기 때문이다. 그러나 한漢나라 유향劉向의 『설원說苑』 수문修文에서는 "북쪽으로는 산융, 숙신에 이르기까지 동쪽으로는 장이·조이에 이르기까지 사해의 안이 다 제순의 공로를 떠받들었다.(北至山戎肅愼 東至長夷鳥夷 四海之內 皆戴帝舜之功)"라고 말하고 있다.

『사기』 오제본기에서는 "동장조이東長鳥夷"라 하여 "동장" 밑에 이夷자가 생략되어 있지만 『설원說苑』 수문修文에서는 "동장조이東長鳥夷"의 어른 장자 밑에 동이라는 이夷자를 추가하여 장이와 조이로 분명하게 나누어 말함으로써 "동장조이東長鳥夷"에서 말하는 어른장 자가 장이를 가리킨다는 것을 독자로 하여금 확실하게 이해할 수 있도록 해주고 있다.

『대대례기大戴禮記』 오제덕五帝德에도 "남쪽으로는 교지·대교·선지·거수·지·강, 북쪽으로는 산융·발·식신, 동쪽으로는 장·조이·우민을 어루만져주었다(南撫交趾大教 鮮支 渠廋 氐 羌 北山戎 發 息愼 東長鳥夷羽民)"라는 기록이 나오는데 청나라때 학자 왕빙진王聘珍은 그의 역작 『대대례기해고大戴禮記解詁』에서 "장·조이는 장이와 조이를 말한다(長 鳥夷 謂長夷鳥夷也)"라고 주석하였다.

이상의 기록을 종합해본다면 『사기』 오제본기의 "동장조이東長鳥夷"는 새조자 밑에 이자가 있기 때문에 어른 장자 뒤에서는 중복을 피하기 위해 이자를 생략한 것이 맞으며 상고시대에 산융·발·식신, 조이 등과 함께 "장이"라는 동이족이 존재했었던 것이 확실하다고 하겠다.

그리고 『급총주서汲冢周書』에는 "발인들의 걸음이 빠른 사람은 마치 사슴이 빨리 달리는 것처럼 달린다(發人鹿鹿者, 若鹿迅走)"라는 내용이 기록되어 있는데 그 주석에서 "발은 동이이다.(發東夷也)"라고 말하였다. 발은 『사기』 오제본기와 『대대례기』에 모두 등장하는데 『급총주서』의 이 기록과 대조해서 본다면 발은 상고의 오제시대에 존재했던 동북방의 동이민족이 확실하다고 하겠다.

또한 『대대례기大戴禮記』 소한少閒편에는 "해외의 숙신·북발·거수·지, 강이 와서 복종했다(海外肅愼 北發 渠搜 氐 羌 來服)"라는 기록이 있고 북위에서 북주까지 삼조三朝의 명신으로 『대대례기』를 주석한 노변盧辯(?~557)의 북발에 대한 설명에서는 "북적의 지명이다. 그 지역에서 빠른 걸음으로 달리는 사슴이 나온다.(北狄地名 其地出迅足鹿)"라고 말하였다. 이는 북적의 북발을 『급총주서』에 나오는 동이의 발인과 동일한 존재로 인식했음을 말해준다. 이런 기록들은 우리에게 상고시대에 "동장 북발東長北發" 즉 동북방에서 장이와 발족이 활동하고 생활한 역사적인 근거를 문헌 자료를 통해서 확인시켜주는 것이라고 하겠다.

『시경』 상송 장발편은 상나라 초기 상민족과 국가의 역사를 요약 설명하고 있다. 상민족의 출발을 설명하는 장발편의 첫 구절인 "준철유상濬哲維商 장발기상長發其祥"에 나오는 "장발長發"이라는 두 글자는 상고의 오제시대에 동북방에서 활동한 민족인 장이의 장·발족의 발과 글자가 동일하다. 그런데 주희는 이 문장을 어떻게 해석했는가. 그의 해석을 우리말로 옮겨보면 다음과 같다.

"지혜롭고 밝은 상나라여(濬哲維商)
그 상서가 발현됨이 오래되었다.(長發其祥)"

주희는 "장발"을 "길이 발현되었다"라고 해석했는데 발자를 발현되었다와 같은 일반 형용사로 취급하면 이 짧은 시가의 안에서 발자가 왜 이렇게 중복되어 나타나는지 그 이유가 전혀 설명이 되지 않는다. 위에서 인용한 여러 문헌 자료를 토대로 검토해본다면 장발長發을 주자처럼 "길이 발현되었다"로 보는 것 보다는 장은『사기』오제본기와『대대례기』의 장이長夷, 발은 오제본기의 발發,『급총주서』의 발인發人을 가리키는 것으로 보아 다음과 같이 해석을 하는 것이 훨씬 더 설득력이 있다고 여겨진다.

"지혜롭고 명철한 상나라 민족이여(濬哲維商)
장이와 발족으로부터 상서로운 역사가 시작되었다(長發其祥)"

"장발"에 대한 이러한 해석은 전무후무한 그야말로 나의 독창적인 해석이다. 하지만 나의 해석이 절대적이라고 주장할 생각은 없다. 문자 이전의 상고사에 대한 해석에서 완벽이란 존재할 수가 없기 때문이다. 그러나 적어도 주희의 추상적인 해석보다는 나의 해석이 역사성에 입각한 더 논리적인 해석이라고 믿는다.

3)『시경』상송의 "현왕환발玄王桓發", "수시기발遂是旣發"에 대한 나의 관점

다음은 상송 장발편의 "현왕환발玄王桓發"에서의 "환발"과 "수시기발遂是旣發"에서의 "발"에 대해 나의 견해를 말해보려고 한다. 다만 이러한 논의를 효과적으로 전개하기 위해서는 문단의 전체구성과 내용에 대한 개략적인 이해가 전제되어야 한다. 그러므로 이해의 편의를 위해 먼저 상송 장발편의 해당부분 원문과 아울러서 주자의 주석을 살펴볼 필요가 있겠다.

상송의 원문

"玄干桓發(撥) 受小國是達 受大國是達 率履不越 遂視既發"

주자의 주석

"현왕은 설契이니 현은 깊고 음미함을 지칭한 것이다. 혹자는 말하기를, "현조가 내려와서 낳았기 때문이다"라고 한다. 왕이라는 것은 추존한 호칭이다. 환桓은 굳센 것이요 발發은 다스리는 것이다. 달達은 달통함이다. 소국과 대국을 받음에 통달하지 않음이 없다는 것은 그 합당하지 않은 바가 없음을 말한 것이다. 솔率은 따름이요 이履는 예요 월越은 도를 넘음이요 발發은 응함이다. 설契이 능히 예를 따라 법도를 넘지 않으니 마침내 그 백성들을 봄에 이미 발하여 호응함을 말한 것이다.(玄王契也 玄者深微之稱 或曰 以玄鳥降而生也 王者追尊之號 桓武撥治 達通也 受小國大國 無所不達 言其無所不宜也 率循履禮 越過發應也 言契能循禮不過越 遂視其民 則既發以應之矣)"

주희는 "현왕 환발玄王桓發(撥)"의 주석에서 "환은 무력이고 발은 다스리는 것이다(桓武發治)"라고 하여 "환발桓發"을 현왕이 "무력으로 다스렸다"라는 의미로 해석했다. 주희는 "현왕은 설이다"라고 말했는데 설은 순임금의 교육을 담당한 신하로서 "환발"을 무력으로 다스렸다는 "무치武治"의 의미로 해석할 경우 상나라라의 설과 전혀 어울리지 않는다는 점은 앞에서 이미 상세히 언급한 바 있다.

그리고 주희는 "솔리불월率履不越" "수시기발遂視旣發"은 설이 예를 따라서 법도에 넘지 않으니 드디어 백성들을 봄에 이미 발하여 호응했다"라고 풀이했다. "법도에 넘지 않은 것"은 상나라 설의 행위로 "거기에 호응한 것"은 백성들의 설에 대한 호응으로 이해했다. 수시기발遂視旣發"에는 원래 백성이라든가 호응한다는 용어는 포함되어 있지 않다. 그런데 이 네 글자만으로는 그 의미가 명확하지 않기 때문에 주희는 원문에 없는 백성민 자를 추가하여 "수시遂視"를 "수시기민遂視其民"으로 또 원문에 없는 응할응 자를 추가하여 "기발旣發"을 "기발이응旣發以應"으로 해석한 것이다.

주희의 주석을 바탕으로 "玄王桓發(撥) 受小國是達 受大國是達 率履不越 遂視旣發"을 우리말로 옮겨보면 다음과 같은 내용이 된다. "현왕이 무력으로 다스리니 소국을 받음에도 이에 합당하고 대국을 받음에도 이에 합당하셨다. 설이 예를 따라 법도를 넘지 않으시니 드디어 백성들을 봄에 이미 발하여 호응하였다."

나의 관점은 주희의 해석과 크게 다르다. 주희는 현왕을 상의 설로 보았고 나는 현왕을 치우천왕으로 보았다. 주희는 "환발"을 "무력으로 다스렸다"로 해석했는데 나는 "환발"을 환인, 환웅의 환국과 발조선의 밝족으로 이해했다. 『시경』 상송 장발편은 둘째줄 첫 머리에서 상나라의 뿌리를 설명하는 내용가운데 "환발"이 언급되었고 바로 아래에서 다시 "발"이 나온다. 주희처럼 똑같은 "발"자를 놓고 위에서는 다스릴치 자로 해석하고 아래에서는 호응한다는 응자로 해석하기보다는 위 아래의 "발"자가 계승관계가 있으며 두 "발"자가 모두 같은 밝족을 지칭한다고 보는 것이 나의 견해이다.

어떤 문장을 해석할때는 최대한 다른 용어를 삽입하지 않고 거기에 적힌 해당 문자만을 가지고 풀이해야 올바른 해석이다. 이 시가의 "발"자를 밝족으로 보고 위 "환발"의 발자와 아래의 "기발"의 발자가 계승관계가 있는 것으로 이해하면 백성이라든가 호응한다는 그런 다른 용어를 추가할 필요가 없이 자연스럽게 해석이 된다. 그러나 발자를 위에서는 다스릴치 자로 보고 아래에서는 호응할 응자로 보면 중간에 다른 용어를 삽입하지 않고서는 이 문장은 도저히 설명이 되지 않는다. 그래서 주희는 "수시기발"의 주석에서 본문에 없는 백성 민民 자를 추가하여 "수시기민遂視其民"으로 풀이하고 또 "기발旣發"을 "기발이응旣發以應"으로 해석한 것이다.

"玄王桓發(撥) 受小國是達 受大國是達 率履不越 遂視旣發"에 대한 나의 해석을 우리말로 옮겨보면 다음과 같다. "환국 밝족의 왕인 현왕은, 작은 나라를 받음에도 이에 합당하셨으며 큰 나라를 받음에도 이에 합당하셨다. 현왕이 예를 따라 법도를 넘지 않으셨으니, 드디어 봄에 그들은 이미 밝족들이었다." 이렇게 해석하면 환국 밝족의 최고 지도자 현왕은 여러 크고 작은 나라들을 복속시켜 다스리며 예를 따라 법도를 넘지 않으셨는데 그 나라 백성들을 바라보건대 그들은 이미 환국 밝족이었다는 이야기가 되는 것이다. 그러니까 여기에는 여러 부족으로 갈라진 밝족에 대한 현도국 치우 현왕의 통일과정이 담겨 있는 것이라고 하겠다.

4. 나의 새로운 해석이 동아시아 역사에 미치는 영향

『시경』 상송 장발편을 주희처럼 해석하면 상나라는 동이족이나 환국 밝족, 치우천왕과는 아무런 관련도 없게 된다. 그러나 이를 나처럼 "장발"을 "동장북발" 즉 동방의 장이와 북방의 밝족, "현왕환발"을 현왕은 치우천왕, 환발은 환국과 밝족으로 풀이하면 상나라의 시조가 치우가 되고 치우가 환국 밝족의 현왕이 되어 동양 상고사의 물꼬가 바뀌고 척추가 달라지게 된다. 사마천 『사기』 이후 화하족이 중심이 된 아시아 역사의 틀이, 동이족 중심으로 완전히 방향전환을 하게 되는 것이다. 상나라는 화하족을 계승한 황제 헌원의 후손이 아니라 동이족 치우의 직계 자손이 되게 된다. 그리고 한국의 환인, 환웅으로 상징되는 환국이 중국의 고전 『시경』에서 문헌적 근거를 확보하게 되고 단군으로 상징되는 밝달민족 밝조선의 역사가 신화가 아니라 실제 역사라는 사실이 『시경』을 통해서 입증이 되게 된다.

주희가 상송에 나오는 장발기상長發其祥의 "장발"을 "길이 발현된다"라고 해석한 것은 화하족 관점에서의 해석이고 내가 "장이"와 "발족"으로 해석한 것은 동이사적 관점의 해석이다. "현왕 환발玄王桓發(撥)"의 현왕을 상나라의 설로 해석하고 환발을 무치武治로 해석한 것은 화하계 학자들의 해석이고 현왕을 현도국 현도씨 치우천왕으로 비정하고 환발을 환국과 밝족으로 풀이한 것은 동이사적 관점에서 이해한 것이다.

지난 수천년동안 『시경』의 상송에 나오는 "장발長發"을 "동장북발동장북발發東長北發”의 줄인말, 즉 동방의 장이長夷와 북방의 발족發族을 가리킨다고 해석한 사람은 단 한 사람도 없었다. 따라서 이러한 해석은 동서고금을 통틀어서 초유의 해석이고 기존의 틀에 갇힌 사람은 이러한 독창적인 해석이 조금은 생소하고 의아하게 느껴질 수 있다. 더구나 자기들의 기득권을 지키는데 급급하고 우리의 장대한 역사가 밝혀지는 것을 꺼리면서 사대, 식민사관에서 벗어나지 못하고 있는 일부 한국의 강단세력은 당연히 비판적 시각으로 매도할 것이다.

그러나 위에서 보는 바와 같이 장발, 환발, 기발에 대한 주희의 해석은 너무나 어색한 구석이 많고 자연스럽지가 않다. 그럼에도 불구하고 주희의 해석은 철칙으로 받아들여졌고 지금까지 천여년동안 누구 하나 거기에 이의를 제기한 사람없이 당연한 것으로 인식되어 왔다. 장이와 발족이 순임금시대에 존재했다는 것은 사마천『사기』오제본기에 나오는 내용이다. 이를 근거로 『시경』 상송편의 “장발”을 상고시대의 장이와 발족으로 해석하는 것은 충분히 설득력이 있다.

상나라는 모든 수도의 명칭을 박毫으로 표기했는데 상나라의 박과 밝조선의 밝은 표기만 다를 뿐 동일한 상고시대 동북방 동이 밝달민족의 호칭이었다. 상나라는 동북방의 밝달족이 중원으로 내려가서 설립한 동이족 국가이고 장이와 밝족은 상나라 이전 요순시대에 동북방에 거주했던 민족이기 때문에 상나라의 발상과 상민족의 시조를 찬미한 상송 장발편에 나오는 장발을 이러한 장이와 발족이라는 관점에서 접근을 시도하는 것은 논리적으로 전혀 문제가 되지 않으며 오히려 역사적 사실과 부합되는 것이다.

또 현왕 환발玄王桓發(撥)에 대해서도 종래의 화하족들은 "현왕"은 천편 일률적으로 설이라 비정하고 "환발"은 대체로 무치로 해석했지만, 상고시대에 환인·환웅·환국이 있었다는 것은 동이민족인 한국의 고대문헌에 기록이 나오고 고조선은 본래 이름이 밝조선이었다는 것은 춘추시대 『관자』의 발조선發朝鮮을 통해서 확인이 가능하다.

『삼성기전』 하편에는 "1세를 환웅천황이라 하는데 어떤 경우에는 거발환이라 하기도 한다(一世曰桓雄天皇 一云居發桓)"라는 기록이 보인다. 이는 거발환은 환웅천황의 별칭이었다는 이야기가 된다. 『시경』 상송의 "현왕 환발"과 『삼성기전』의 "환웅 거발환"은 같은 글자가 하나는 환발, 하나는 발환으로 앞뒤 순서가 바뀌었다. 지금 우리는 『삼성기전』의 발환發桓과 『시경』의 환발桓發, 『삼성기전』의 환웅천황과 『시경』의 현왕이 같은 소재를 다룬 동일한 내용이라고 자신있게 말하지는 못한다. 그것을 뒷받침할 근거가 현재로서는 빈약하고 『삼성기전』의 사료적 가치가 아직까지 제대로 검증되지 않았기 때문이다.

그러나 『시경』의 현왕환발에 대해 환발을 환국과 밝족으로 해석하고 현왕을 상고시대 동이 밝족의 위대한 지도자 현도씨 치우천왕으로 비정하는 것은 얼마든지 가능한 일이며 논리적으로나 시대적으로 모순될 것이 없다. 그런데 왜 그동안 이런 해석이 전혀 존재하지 않았는가. 그것은 공자의 존화양이 사상과 사마천 『사기』의 한족 중심주의가 학자들의 정신을 마비시켰고 따라서 화하족의 입장에서 한족을 유리하게 해석한 그러한 편파적인 해석이 수천년을 주도해 내려오면서 그대로 인식이 굳어졌기 때문이다.

위에서 살펴본 바와 같이 『시경』 상송 장발편에 대한 전통적인 관점을 대표하는 주희의 해석은 완벽하지 않다. 논리적 모순과 견강부회가 의외로 많다. 그렇다고 지금 나의 새로운 해석이 완전 무결한 것인가 하면 또 그렇지는 않다. 다만 상고시대에 동북아에 실재했던 장이·밝족·환국 등의 동이민족사에 근거하여 『시경』의 장발과 환발을 해석하는 나의 새로운 관점은 주희의 전통적 관점과 차원을 달리하는 새로운 학설이 될 수 있는 가치는 충분히 있다고 믿는다. 앞으로 동이사적인 견지에서 새로운 해석을 시도한 나의 관점과 기존의 화하족의 견해를 대표하는 주희의 전통적 관점을 함께 비교 검토하면서 보다 합리적인 판단과 해석을 도출하는 것은 후학들의 몫이다.

상고시대에 환국과 밝족이 존재했고 그들의 실체는 한국의 『삼국유사』, 『제왕운기』, 『세종실록』의 『단군고기』 뿐만 아니라 중국의 고전 『시경』을 통해서도 증명이 된다면 저들 환국 밝족은 과연 어디에서 둥지를 틀고 첫 걸음을 떼었으며 또 어떠한 경로를 통해서 변화발전했는가. 아래에서는 이 부분에 대하여 집중적으로 다루고자 한다.

제3부

환국의 발상지, 천산

1. 유럽과 아시아 대륙의 심장부 천산에서 둥지를 튼 환국

위에서 우리는 상고시대에 환국이라는 나라와 밝족이라는 종족이 실재했었다는 사실을 『시경』이라는 동양의 고전을 통해서 증명할 수 있었다. 그러면 이제 우리는 이 환국과 밝족이 언제 어디서 출발했고 어떻게 변화 발전했는지 그것을 규명해야할 것이다.

『삼성기전』 하편에 "옛적에 환국이라는 나라가 있었는데 그 나라의 백성들은 부유하고 또 인구도 많았다. 처음에는 환인이 천산에 거주하였다.(昔有桓國 衆富且庶焉 初桓因 居于天山)"라고 나온다. 이 기록에 의거하면 환인의 환국은 초기에 천산 부근에서 둥지를 틀었다는 것을 알 수 있다.

지금 아시아의 드넓은 대륙 안에는 셀 수도 없는 수많은 산들이 여기저기 산재해 있지만 천산이란 이름을 가진 산은 흔치 않다. 환인이 처음에 거주했다는 천산은 과연 어디에 있는가. 천산은 세계 7대 산계 중의 하나로서 바로 유럽과 아시아 대륙의 심장부에 위치해 있다. 동서로 중국, 카자흐스탄, 키르기스스탄, 우즈베키스탄 4개국에 걸쳐 횡으로 걸쳐 있는 이 산은 세계에서 규모가 가장 큰 독립적인 산이다.

　오늘날 한반도에서 터전을 이루고 살아가는 한국인들은, 한민족의 먼 조상들이 지난날 유럽과 아시아 대륙의 심장부인 천산을 무대로 삶을 영위하기 시작했다는 사실에 얼른 실감이 나지 않을 것이다. 그러나 그곳 천산이 밝달민족의 발상지라면 거기에 밝달민족의 조상들이 남긴 발자취가 남아 있는 것이 당연하지 않을까. 오랜 세월이 흐른 지금 그 흔적을 과연 오늘에 확인할 수 있을 것인가.

2. 천산 부근에서 발견되는 밝달민족과 관련된 흔적들

　『삼국유사』나 『제왕운기』에서는 환인을 천상의 제석이나 상제로 해석하여 신화적으로 인식한 것과는 달리 『삼성기전』에서는 "옛적에 환국이 있었다(昔有桓國)" "시초에 환인이 천산에서 거주하였다(初桓因 居于天山)"라고 말하여 천산에 환인씨의 나라 환국이 있었다고 하였다. 그런데 이게 우연일까. 필연일까. 우리민족의 첫 국가 환국이 있었다는 유럽과 아시아 대륙의 심장부 천산 부근에서 밝달민족과 관련이 깊은 지명이나 산명 등을 어렵지 않게 찾아볼 수 있다. 아래에서 그러한 실례를 몇가지 들어보기로 한다.

아라리시阿拉爾市 아라투산阿拉套山

　현재 천산의 북쪽에는 아라투산阿拉套山이 자리하고 있다. 또 천산

남쪽 기슭에는 아라리시阿拉爾市가 있다. 신강 위구르 자치구에 속하는 현縣 급의 직할시이다. 동쪽으로 수도 우루무치시까지의 거리는 1,010킬로미터이다.

우리민족의 애환이 담긴 노래 가사 "아리랑 아리랑 아라리요" 이 아리랑이야말로 우리에게 얼마나 낯익은 단어인가. 그러나 현재 우리 나라에선 아리랑이란 이름을 가진 산도 도시도 발견되지 않는다. 그런데 수천년동안 우리민족과 애환을 함께해온 아리랑이라는 노래 가사에 나오는 아라리라는 이름을 가진 산과 도시가 여기 천산 부근에 있다.

우리 한국인이 민족의 가요로 수천년동안 불러오고 있는 아리랑 가사에 나오는 아라리라는 이름을 가진 산과 도시가 천산 밑에서 지금도 전해져 오고 있다는 이 사실을 우리는 어떻게 받아들여야 할까.

이곳 천산 밑의 아라리시는 적어도 한나라 무제 이전까지는 중국의 한족과는 전혀 교섭이 없었다. 이 지역은 한나라 선제宣帝 신작神爵 2년(서기전 60년)에 비로소 한왕조의 서역도호부西域都護府 관할에 소속되었고 당나라때는 안서도호부安西都護府에 편입되었다. 지금도 한족이 아닌 흉노 돌궐족의 후예인 위구르족이 이곳에서 터전을 이루어 살아가고 있다.

아라리Alaer는 몽골의 말인데 "함께 모인다" "서로 함께 어울린다"는 의미가 있다고 한다. 오랜 세월이 흐른 지금 우리는 모두 잃어버려서 알길이 없지만 이 천산밑의 아라리시와 우리가 부르는 노래 아리랑과는 모종의 깊은 관련이 있는 것은 아닐까. 천산에는 해발 5,000미터 이상의 산 봉우리가 대략 수십좌가 있는데 주요한 산

봉우리로는 칸 탱그리봉汗騰格里峰, 박거달봉博格達峰 등이 있다.

박거달봉博格達峰

해발 5,445미터에 달하는 박거달봉은 천산 산맥의 동쪽에 위치한 저명한 산 봉우리 이름이다. 박거달봉은 우리말 밝달봉의 중국식 표기라고 본다. 신강 위구르 자치구 부강시阜康市 경내에 위치해 있는 박거달봉은 바로 우리말 밝달을 연상시킨다. 박거달봉은 우리말 밝달봉의 한자식 표기인 것이다.

우리민족은 밝달민족이다. 그런데 여기 밝달민족의 발상지로서 환인의 환국이 있었다는 천산 동쪽에 밝달봉이 있다는 것은 무엇을 의미하는가. 이것이 과연 우연의 일치일까. 혹시 먼 옛날 밝달민족이 세운 환국 즉 밝달국의 존재를 증명해주는 흔적은 아닐까.

칸탱그리봉汗騰格里峰

칸탱그리봉汗騰格里峰(KhanTengri)은 중국과 카자흐스탄의 국경선 상에 위치해 있다. 천산 산맥에서 두 번째로 높은 봉우리로 해발 6,995미터이다. 칸은 임금을, 탱그리는 단군을 가리키는 말이 아닌가. 우리말로는 단군 봉인 셈이다. 우리나라에는 단군봉이 없는데 천산에 단군봉이 존재하는 이유를 어떻게 설명할 수 있을까. 탱그리는 단군을 지칭한다고 최남선이 일찍이 제창한 이후 지금은 이런 인식은 한국인에게 널리 일반화 되어 있다. 천산이 밝달민족의 발상지라면 천산의 탱그리봉은 우리 밝달민족의 단군과 무관할 수가 없는 것이다.

천산의 옛 이름 백산

천산의 옛 이름은 백산白山이다. 중국에서는 겨울이나 여름이나 항상 눈이 하얗게 쌓여 있어서 그렇게 부르기도 한다고 설명하고 있다. 그러나 우리민족은 밝달민족이고 그것을 한자로 표기할 때는 백민白民 백인白人이 된다. 『산해경』에서 그러한 내용의 확인이 가능하다. 오늘날의 천산은 밝달민족의 시조인 환인이 최초로 거주한 산이므로 먼 옛날 한자로는 백산, 우리말로는 밝산이라는 이름으로 호칭하게 된 것은 아닐까.

　백산, 박거달봉, 탱그리봉, 아라리시, 이는 중국의 한족들과는 전혀 연결고리를 찾을 수 없는 이름들이다. 우리 밝달민족과의 관련선상에서만 이러한 지명들의 존재 이유에 대한 설명이 가능하다. 우리 상고사와 관련되는 이런 지명들이 오늘날 한반도에서는 보이지 않는데 천산 부근에서 이렇게 많이 발견되는 이유는 천산이 우리 밝달민족의 발상지이기 때문에 그것의 반증으로 나타나는 것은 아닐까.

　『삼성기전』이라는 책에 나오는 "처음에 우리민족의 시조 환인이 천산에 거주했다(初桓因 居于天山)"라는 기록이 허구가 아니라 진실이라는 것을 오랜 세월이 흐른 지금 고고학적 유물을 통해서 증명할 방법은 없다. 그러나 산과 강, 도시의 이름만큼 역사의 본래 모습을 간직하여 후세에 그 실체를 전해주는 것도 드물다. 지하에서 발굴되는 유물뿐만 아니라 지상에서 전해지는 지명도 상고사를 증명하는 1차 사료가 될 수 있다. 그런 점에서 근거자료가 부족한 상고사를 증명하는데 있어서 지하에서 출토된 고고유물 못지 않게 높은 가치를 지니는 것이 산이름, 강이름, 도시이름이라고 할 수 있다.

우리민족의 발상지를 천산으로 설명한 『삼성기전』에 나오는 "처음에 환인이 천산에 거주했다(初桓因 居于天山)"라는 기록을 일고의 가치도 없는 후인의 허황된 날조로 치부하여 부정해버리기에는 천산 곳곳에 남아서 전해지는 우리민족과 관련된 흔적들이 너무나도 많다. 백산, 박달봉, 탱그리봉, 아라리시 이런 이름들은 이곳 천산이 지난날 우리민족의 시조 환인의 옛 터전이었으며 밝달민족의 발상지였음을 무언으로 웅변해주는 흔적들이 아니고 무엇이겠는가.

그러면 환인은 왜 환국을 드넓은 지구상에서 하필이면 처음에 이곳 천산 부근에서 개국을 하였을까. 천산 산맥은 유럽과 아시아 유라시아대륙 즉 세계의 중심에 위치해 있다. 그러므로 여기 세계의 중심지대에서 인류의 첫 국가 환국이 탄생을 하게 된 것이라고 하겠다.

우루무치시와 시의 상징 홍산

우루무치烏魯木齊는 신강 위구르 자치구의 수도이다. 중국의 서북부, 신강의 중부, 유라시아대륙의 중심, 천산산맥의 북쪽 기슭에 위치해 있다. 우루무치시는 줄여서 우시烏市라고 부른다. 우시의 우는 우환 烏桓의 우와 같고 우환은 울란바토르의 울란과 같은 데 울란은 몽고

어로 붉다는 뜻이다. 그러므로 우루무치시의 우루는 광명을 숭배하는 우리민족의 밝달과 관련이 있다.

우루무치시의 중심에는 홍산紅山이 있다. 홍산은 우리말 밝달의 한자 표기이다. 내몽골 적봉시의 홍산문화는 우리말로 하면 밝달문화가 된다. 우루무치시의 상징인 홍산도 우리 밝달민족과 관련이 깊은 산 이름이라고 하겠다.

중국 한족의 우루무치시와의 관련성을 살펴보면 서한시대 초기에 실크로드 북도의 안전을 보호하기 위해 우루무치시 근처에 최초로 둔전을 설치했다. 그러나 직접 지배는 아니었다. 청나라때 신강에 군대를 직접 주둔시킴으로 해서 비로소 대규모 개발이 시작되었다. 청나라이전까지 이곳은 한족의 땅이 아니라 동이족의 땅, 밝달민족이 활동했던 환국의 땅이었고 그러한 흔적이 지명에 묻어서 오늘에 전해지고 있는 것이다.

3. 천산 밑의 위구르족維吾尔族[wéi wú ěr zú] 그들은 누구인가

위구르족은 신강 위구르 자치구에 살고 있다. 저들은 환인이 거주했다는 환국의 발상지 천산의 남쪽과 동쪽 북쪽에서 집중적으로 모여서 살아간다. 2010년 제6차 전국 인구조사 통계에 의하면 위구르족의 총 인구수는 10,069,346명으로 집계되었다.

중국 문헌에서 이들 민족에 대한 명칭은 여러 가지 번역이 존재한다. "원흘袁紇", "위흘韋紇", "회흘回紇", "회골回鶻", "외올畏兀儿", "회부回部", "전회纏回" 등 실로 다양한 호칭이 있었다. "위구르維吾爾"란 칭호는 1,935년부터 사용하기 시작하여 오늘에 이르고 있다.

우루무치의 우루는 우환, 울란의 발음이 변한 것이다. 위구르는 '밝'을 의미하는 우루와 같은 뜻인데 발음상에서 변이가 생긴 것이라고 본다. 그러므로 위구르족은 그 의미로 보면 우리민족과 같은 밝족 즉 환족이 된다.

위구르족은 그 조상을 따져보면 흉노와 돌궐족의 후예들이다. 한나라때 흉노는 바이칼호 일대에서 몽골초원에 이르는 광대한 지역의 지배자로 군림하면서 한나라의 조공을 받았다. 서쪽으로는 러시아 서남쪽에 위치한 볼가 강伏爾加河으로부터 시작해서 동쪽으로 흥안령에 이르는 동서 1만여리의 유라시아 북방 대초원이 저들의 활동무대였다.

당나라때는 돌궐족으로 불렸고 바이칼호 이남, 음산이북, 흥안령 서쪽, 알타이산 이동의 몽골 초원지구를 포괄하는 광대한 지역이 저들의 말발굽 아래에 있었다. 그 뒤 여러 변화발전을 거쳐 16세기초에 이르러 오늘날의 위구르족이 형성되었다.

오늘날 신강 위구르 자치구에 터전을 이루고 중국 한족의 소수민족으로 살아가는 위구르족은, 지금은 중국의 소수민족으로 많은 서러움을 당하는 처지에 있다. 그러나 위구르족은 당나라때는 돌궐족, 한나라때는 흉노족으로 불렸으며 당시 중국대륙에서 만리장성 안쪽은 한족이 다스렸다면 장성 이북은 저들이 주인이었다.

유방이 중원에 한나라를 세우기 이전으로 올라가면 이 위구르

지역은 누가 주인이었는가. 우리나라 문헌에 의하면 한나라 이전 유럽과 아시아대륙의 중심지 천산에 최초로 거주한 인물은 환인씨였고 그들이 천산 밑에 인류역사상 최초로 세운 나라가 환국이었다.

사마천『사기』에 의하면 선진시대에 만리장성 밖 초원지대의 최초의 주인은 훈육, 즉 훈족이었고 흉노, 돌궐은 훈족의 후손들이다. 그런데 사마천『사기』에서 말하는 훈족과『삼성기전』에서 말하는 환족은 한자의 발음 표기가 변하여 다른 것일뿐 사실은 동족이었다.

그러므로 지금의 위구르족은 돌궐, 흉노시대를 지나서 뿌리로 올라가면 훈족의 자손이고 훈족은 환족의 시조 환인의 자손이 된다. 천산 밑 신강 위구르 자치구에서 고향을 지키며 살아가고 있는 위구르족은 우리와 피를 나눈 혈연적으로 관계가 깊은 민족이 되는 것이다.

4. 단환성은 환국과 관련 있는 유적일까

『한서漢書』서역전西域傳을 살펴 보면 중국의 서쪽지역에 있던 여러 나라들을 소개하고 있는데 거기에 단환국單桓國이라는 나라가 나온다. 단환국 앞에는 오손국烏孫國, 욱립사국郁立師國이 있고 뒤에는 포류국蒲類國, 서차미국西且彌國, 동차미국東且彌國, 겁국劫國 등이 있다. 여기서 오손국을 제외하고는 아주 생소한 이름들인데『한서』서역전에 실려 있는 것으로 봐서 서한시대까지는 이러한 나라들이 중국대륙의 서쪽에 존재하고 있었던 것은 분명하다.

우리가 환국과 관련하여 주목하는 나라는 단환국인데 『한서』 서역전에서 단환국에 대해 기록한 것을 인용하면 다음과 같다. "단환국單桓國은 국왕이 단환성單桓城을 치소로 하고 있다. 장안성까지의 거리는 8,770리이고 호구는 27호이며 인구는 194명이고 군사는 45명이다. 보국후, 장수, 좌우도위, 역장이 각각 1명씩이다.(單桓國 王治單桓城 去長安八千七百七十里 戶二十七 口百九十四 勝兵四十五人 輔國侯將 左右都尉 驛長 各一人)"

단환국은 서한시기에 반고가 서역전을 쓸 당시에는 인구가 194명 밖에 안되는 아주 작은 겨우 명맥만을 유지하는 국가였음을 알 수 있다. 그러나 단환국이 단환성을 치소로 하고 있다는 기록으로 볼 때 나라는 비록 작지만 역사는 깊은 전통이 있는 나라였을 것이라는 인상을 받는다.

다른 나라들은 산골짜기를 치소로 한 경우가 많았다. 포류국은 천산의 서쪽 소유곡疏楡谷 골짜기, 서차미국은 천산 동쪽에 있는 우대곡于大谷 골짜기, 동차미국은 천산의 동쪽에 있는 태허곡兌虛谷 골짜기, 겁국은 천산의 동쪽에 있는 단거곡丹渠谷 골짜기에 도읍을 했다고 말했는데 단환국은 단환성에 도읍했다고 말한 것을 보면 이 나라는 그래도 반듯한 도성을 치소로 하고 있었음을 말해준다.

다만 단환국은 단환성에 도읍했다고 만 말하고 단환성의 위치를 설명하지 않아서 정확한 위치를 파악하기 어려운 점이 있다. 그러나 단환국과 함께 소개된 다른 나라들이 주로 천산의 서쪽이나 동쪽에 있었던 나라들인 점을 감안하면 단환국 역시 천산 부근에 있던 나라임을 짐작할 수 있다.

서한 시대까지 천산 부근에 있었던 단환국, 이 단환국이 왜 국명에 단자와 환자가 들어가 있는 것일까. 물론 단자는 밝달나무단 자가 아닌 홋단 자로서 단국檀國의 단자와는 차이가 있다. 그러나 홋단 자이든 박달나무단 자이든 어차피 우리말을 한자로 음사한 번역이기 때문에 뜻이 아니라 음이 중요하다. 또 단국과 환국은 단환이라 표기할 수도 있고 글자를 바꿔서 환단이라 표기할 수도 있는 만큼 환단이 아닌 단환으로 적혀 있는 것도 문제가 되지 않는다.

이 성의 이름이 단환성이었다면 분명 이렇게 부르게 된 그만한 사연이 있었을 것이다. 단환성이 혹시 환인, 환웅, 단군과 관련이 있는 옛 성은 아니었을까. 지금 문헌적 고고학적 뒷받침이 안되는 상황에서 어떠한 결론도 내릴수는 없다. 그러나 『삼성기전』에서 "최초에 환인이 천산에 거주하셨다"라고 하였는데 그 천산에 단환성과 단환국이 지금으로부터 2,000년 전까지 보존되어 있었으니 『한서漢書』 서역전에 나오는 단환국은 『삼성기전』의 "최초에 환인이 천산에 거주하셨다"라는 말의 연결고리를 찾을 수 있는 하나의 단서로 볼 수도 있지 않을까.

단환국이 있던 곳은 지금으로 말하면 신강 위구르 자치구 우루무치시의 서북쪽 교외, 천산의 동쪽 지역으로 박거달산이 바로 그 부근에 위치해 있어서 그런 추측을 가능하게 하는 것이다. 지금 서한시대에 박거달산 부근에 있었던 단환성에 도읍한 단환국이 『삼성기전』에서 말한 환인이 최초로 세웠다는 환국의 유적이라고 말할 수 있는 근거는 전혀 없다. 하지만 환인씨가 최초에 세운 천산의 환국과 관련이 있는 유적일 가능성에 대해서 고려해볼 여지는 충분히 있다고 본다.

『한서』서역전에 나오는 단환국이『삼성기전』의 "최초에 환인이 천산에 거주하였다"라는 말을 뒷받침하는 결정적인 근거라고 말하기는 어렵지만 천산 부근에서 발견되는 백산, 박거달봉, 탱그리봉, 아라리시 이런 지명들과 함께 단환성을 검토한다면 환국의 발상지가 천산이라고 말한『삼성기전』의 내용이 인위적인 조작이 아니라 진실을 말한 것일 수 있다는 판단을 하는데 참고 자료적 가치는 있다고 하겠다.

상고시대에 유럽과 아시아 대륙의 심장부 천산에서 둥지를 튼 환국은 그 이후 역사가 어떻게 전개되었을까. 지금의 바이칼호 즉 밝바다의 사얀산부근으로 이동하여 밝족의 새 역사가 열렸다고 본다.

『삼국유사』에서 말한 환웅이 태백산으로 내려와 신시를 세웠다는 것은 환웅이 파미르의 천산에서 바이칼의 사얀산 쪽으로 이주하여 시베리아의 곰토템족인 웅족과 결합하여 그곳의 토착민들과 환국의 새시대가 시작된 것을 말한다. 사얀산은 여진어로서 우리말로는 밝산이고 바이칼은 우리말로는 밝바다이다. 아래에서는 바이칼에서 전개된 환국과 밝족의 새역사를 다루고자 한다.

제4부

바이칼에서 환국 밝족의
새 역사가 열리다

1. 2,500만 년의 역사를 간직한 바이칼 호수

현대사회에서는 지구가 지금으로부터 약 46억년전에 탄생했다고 추정한다. 중국의 유명한 철학자이자 수학자였던 소강절선생은 『황극경세서』에서 천지가 한번 개벽하는 시기를 12만 9,600년이라고 말하였다.

현대사회는 지구의 나이를 분석과 실험을 통해 추정한 것이고 소강절은 수학의 전문가로서 천지개벽 시기를 수학적으로 계산한 것이다. 인간의 수명은 길어야 100년에 불과하다. 인간의 입장에서 본다면 1,000년도 긴 세월이다. 지금 지구의 나이가 46억년이라는 현대적 주장과 천지가 12만 9,600만년을 거쳐서 개벽된다는 소강절의 학설 중 어떤 설이 더 정확한지 딱 잘라서 말하기는 어렵다.

우리가 살고 있는 지구상에 인류가 처음으로 출현한 시기에 대해 300만년전, 350만년전, 390만년전, 400만년전, 600만년전 등으로 다양한 학설이 존재한다. 지구상에 처음으로 출현한 인류가 현생인류의 직접 조상이 아니고 인류는 출현했다가 사라지기를 반복했으며, 오늘날 인류의 직접 조상이라고 할 수 있는 현생인류는 지금부터 4만년전 내지 4만 5,000년전 구석기 시대 후기에 아프리카에서 출현하였다는 것이 현대학계의 일반적인 통설이다.

그리고 서기전 1만년경 구석기시대가 지나고 신석기시대가 전개 되었으며, 이 시기를 전후하여 이들이 아시아와 유럽대륙 그후 아메 리카 대륙과 오스트레일리아 등 세계 각 지역으로 퍼져나갔다고 주 장한다. 왜 인류의 출현시기가 300만년전에서 600만년 전으로 300 만년이나 크게 차이가 나는 것일까. 그것은 처음에 300만년 전의 인 류화석이 발견되었는데 시간이 흐르면서 연대가 600만년이나 되는 새로운 인류화석들이 발견되었기 때문이다.

오늘날 인류의 발상지를 아프리카로 간주하는 것은 지금까지 거 기서 가장 오래된 화석이 발견되었기 때문에 그것을 근거로 그렇게 추정하는 것이다. 그러나 화석의 발견에 따라 인류의 출현시기가 300만년 전에서 600만년 전으로 바뀐 것처럼 앞으로 새로운 화석의 발굴 결과에 의해 인류의 발상지도 언제 아프리카에서 다시 다른 지 역으로 바뀌게 되는지 모르는 일이다. 단지 현재까지는 아프리카에 서 발견된 인류화석이 연대가 가장 오래되었으므로 그곳이 인류의 발상지일 것이라고 추정하는 것일 뿐이다.

일반적으로 서기전 3,000년경을 전후하여 메소포타미아의 티그 리스강과 유프라테스강, 이집트의 나일강, 인도의 인더스강, 중국의 황하강 유역에서 문명이 형성되었다고 말한다. 주로 큰 강 유역에서 먼저 농업의 발달, 청동기의 사용, 도시의 출현, 문자의 사용, 국가 의 형성 등이 이루어져 문명이 발생했다고 보는 것이다.

셀렝가강을 비롯한 336개의 크고 작은 하천이 바이칼로 흘러들어오는데 유출은 단지 안가라강 하나만을 통해서 이루어지는 것이 바이칼호수의 특징이다. 336개의 크고 작은 강을 품고 있는 바이칼 호수는 강의 어머니라고 해도 과언이 아니다.

약 5,000년 전에 주로 큰 강 유역에서 인류의 문명이 출현했는데 강의 어머니나 다름없는 바이칼 호수에서는 과연 인류가 생존하거나 문명이 태동하지 않았을까. 바이칼이야말로 인류의 발상지, 문명의 탄생지가 될 충분한 요건을 갖추었던 것이 아니겠는가.

소련 과학자들의 고증에 따르면 바이칼 호수는 2,500만년의 역사를 간직한 곳이다. 약 2,500만년 전 인도판과 유라시아판이 부딪친뒤 강렬한 지진이 발생하여 그로 인해 바이칼호수가 형성되었다고 한다. 시베리아의 진주라 일컬어지는 성스러운 바다 바이칼, 2,500만년의 세월을 품은 바이칼은 그 앞에 서면 누구나 거룩함과 신비함에 저절로 고개가 숙여진다.

바이칼호수는 현재 러시아 부리야트공화국과 이루쿠츠크주 경내에 위치해 있다. 동시베리아의 남부에 위치한 바이칼 호수는 평균 수심이 744미터, 최고 수심은 1,637미터로 세계에서 가장 깊은 호수이자 가장 오래된 호수의 하나이다.

바이칼 호수는 산들로 둘러싸인 깊은 분지에 자리잡고 있는데 주로 5억년 이상된 변성암, 퇴적암, 화성암으로 이루어져 있다. 두께가 무려 6,000미터에 이르는 호수바닥의 퇴적층은 지구와 함께해온 이 지역의 역사와 연륜을 잘 말해준다고 하겠다.

바이칼 호수의 지각변동은 지금도 계속되어 가끔 지진이 발생하곤 한다. 1,862년에 일어난 지진으로 셀렝가강 삼각주 북부의 123킬

로미터 가량이 침수되어 프로발만이라는 새로운 만이 형성된 것을 본다면 이곳에서 발생하는 지진의 규모가 어느 정도인지 가늠할 수 있다.

지금까지 이곳 바이칼에서, 아프리카에서 발견된 600만년전 인류의 화석보다 앞선 시기의 화석이 발견되지는 않았다. 그러나 2,500만년의 역사를 간직한 바이칼은 여러 가지 정황으로 미루어 볼 때 인류문명의 산실이자, 밝족의 발상지로서의 조건을 충분히 갖추고 있다고 여겨진다. 아래에서 여러가지 경로를 통해 그러한 자취와 흔적들을 찾아 설명해 보기로 한다.

2. 바이칼은 밝바다를 가리키는 말이다

바이칼은 영어 'baykal'이라는 명사의 음역이다. 바이칼이라는 명칭이 의미하는 것은 무엇일까. 지금까지의 설을 모아보면 대략 다음과 같은 세가지로 요약된다. 첫째 '풍요로운 호수', 둘째 '천연의 바다', 셋째 '대량의 물'이 그것이다. 그러나 이것으로서는 왜 이름이 하필이면 바이칼인지 명칭의 유래에 대한 내용이 설명되지 않는다. '풍요로운 호수', '천연의 바다', '대량의 물'에서 보는 바와 같이 바이칼의 '칼'을 바다, 호수, 또는 물로 해석하는 것은 다 물이라는 공통분모를 갖고 있다는 점에서 대동소이하다고 말할 수 있다. 하지만 '풍요로운', '천연의', '대량의' 뜻을 왜 '바이'라는 말로 표현하였는지 그 의미가 분명하지 않은 것이다.

바이칼의 명칭이 의미하는 것이 무엇인지 그것을 제대로 밝히려면 역사상에서 바이칼은 주로 어느 민족의 활동공간이었고 또 그 명칭은 어떻게 변경되어 왔는지 살펴보는 작업이 선행되어야 한다고 본다. 먼저 역사상에서 바이칼이란 명칭이 사용되고 변경된 내력과 또 이 지역을 지배했던 민족을 요약 정리하면 아래와 같다.

서한시대
서한이 북해北海라 호칭, 흉노족이 지배함

동한, 삼국, 서진시대
북해라 호칭, 선비족이 지배함

동진십륙국시대
우사니대수于巳尼大水라 호칭함

남북조시대
우사니대수라 호칭, 먼저는 유연柔然이 지배하다가 나중에 돌궐이 차지함

수隋나라시대
북해라 호칭, 동돌궐이 차지함

당唐나라시대
소해小海라 호칭, 당나라 관내도關內道 골리간骨利干 소속. 당나라 말엽, 소해라 호칭, 다시 돌궐에게 돌아갔다가 뒤에 또 회골回鶻의 관할이 됨

송宋나라시대
소해라 호칭, 몽고 팔라홀부八剌忽部의 지배를 받음

원元나라시대

소해小海라 호칭, 영북행성嶺北行省에 소속됨

명明나라시대

소해라 호칭, 와라불리아적부瓦剌不里牙惕部의 지배를 받음

청淸나라 시대

전기, 바이하이얼호白哈爾湖와 북해北海의 명칭을 함께 사용, 청나라

중 후기, 바이하이얼호柏海爾湖라 호칭, 소련의 지배하에 들어감

위에서 바이칼이란 명칭의 시대적 변천상을 살펴보면 서한, 동한, 삼국, 서진시대에는 북해로, 수, 당, 송, 원, 명 시대에는 소해로, 동진십륙국, 남북조시대에는 우사니대수于巳尼大水로, 청나라시대에는 바이하이얼호白哈爾湖, 바이하이얼호柏海爾湖 등으로 불렸음을 알 수 있다.

바이칼의 명칭은 민족에 따라서 부르는 호칭이 달랐다. 북해, 소해 등은 주로 한족 정권이 중원을 지배할 때 바이칼에 대해 부르던 명칭이고 바이하이얼호柏海爾湖, 바이하이얼호白哈爾湖 등은 동이민족 정권이 중국을 통치할 때 부르던 호칭이다.

시베리아의 바이칼은 본래 북방의 유목민족 흉노의 땅이었다. 서한 무제 때 소무蘇武라는 장수가 흉노에게 붙잡혀 바이칼호수 부근에서 양치기 노릇을 하다가 나중에 풀려나서 중원으로 돌아왔다. 이를 계기로 바이칼이 중원의 한족들에게 처음으로 알려지게 되었고 그후 한족들은 바이칼에 대해 자기들 나름대로 이름을 붙여 한자로 북해北海, 소해小海 등으로 표기하였다. 중원에서 볼 때 북방

에 위치했기 때문에 북녘북北 자를, 호수지만 바다와 같이 크기 때문에 바다해海 자를 사용하여 북해라 호칭했을 것이다. 또 동해나 서해와 같은 대해大海와 구분하기 위해 소해라고 지칭했을 것으로 여겨진다.

지난 역사 상에서 살펴본 바에 의하면 바이칼에서 생활하고 활동한 주역은 언제나 서북방의 흉노족이거나 동북방의 동이족이었다. 유방의 한왕조를 기준으로 그 이전과 이후를 통틀어 볼 때 바이칼의 지배세력은 언제나 북방의 유목민족이었으며 중원의 농경민족인 한족이 직접 이 지역을 지배해본 적은 지난 수천년 역사를 통해서 단 한 차례도 없었다.

오늘날 통용되고 있는 'baykal'이라는 영문 표기는 북해北海, 소해小海와 같은 한족식 표현이 아닌 바이하이얼호白哈爾湖, 바이하이얼호柏海爾湖라는 청나라식 표현에 어원을 둔 것이다. 그러면 청나라때 사용하던 바이하이얼호라는 명칭의 기원은 어디일까. 한족들은 북해나 소해라고 불렀는데 왜 청나라에서는 그렇게 부르지 않고 바이하이얼호白哈爾湖, 또는 바이하이얼호柏海爾湖라고 호칭했을까.

청나라는 여진족이 세운 나라지만 원래는 신라의 김씨 왕손 김함보가 여진으로 가서 추장이 되었고 그 후손 아골타가 금나라를 건국했으며 김함보는 아골타가 세운 금나라의 시조가 되었다. 그리고 금나라의 후손 누루하치의 아들 청태극이 금나라를 청나라로 국명을 바꾸었다. 그러므로 금나라와 청나라는 민족의 원류를 따진다면 우리 한민족과는 뿌리가 같은 동이민족의 자손이다.

중국 문헌에서 북해라는 이름은 서한시대 반고의 『한서』 소무열전에 최초로 등장하는데 이는 아마도 바이칼에 대한 한자식 표기이고 이 지역을 지배하던 흉노족이 부르던 본래 이름은 아니었을 것이다. 흉노가 부르던 바이칼호의 원래 이름은 무엇일까. 그것이 바로 바이하이얼호柏海爾湖, 바이하이얼호白哈爾湖였을 것이라고 여긴다. 왜 흉노가 부르던 바이칼의 원래 이름이 북해北海가 아니라 바이하이얼호柏海爾湖, 바이하이얼호白哈爾湖였다는 것을 알수 있는가.

흉노나 돌궐이 지배할 시기에 저들이 바이칼을 가리켜 뭐라고 불렀는지 지금 정확한 기록이 전하지 않아서 결정적인 단서를 가지고 말할 수는 없다. 하지만 청나라시기를 통틀어서 볼때 청나라 전기에는 바이하이얼호白哈爾湖, 중·후기에는 바이하이얼호柏海爾湖라고 호칭하였다. 청나라에서는 바이칼에 대해 북해·소해가 아닌 한족과 다른 자기민족의 고유한 명칭을 사용하였는데 이는 저들이 흉노·돌궐족과 뿌리가 같은 동이족으로서 전통적으로 사용해 오던 명칭을 이어서 사용했을 가능성이 높다고 본다.

바이칼은 청나라에서 비로소 바이하이얼호白哈爾湖, 바이하이얼호柏海爾湖라 부른 것이 아니고 아마도 수천년동안 그렇게 불려져 왔을 것이다. 여기서 최초로 건국을 한 나라는 환웅의 환국이었고 그들은 밝족 즉 밝달민족이었다. 그래서 이때부터 바이칼은 밝달민족의 바다란 의미에서 바이하이얼호라 불려졌고 그것이 오늘의 바이칼 즉 밝바다가 된 것이라 여겨진다. 그러니까 바이칼을 최초로 바이하이얼호라 부른 것은 청나라가 아니라 배달환국시대였고 그것이 흉노와 돌궐을 거쳐서 청나라시대까지 이어졌을 것으로 보여지는 것이다.

바이칼에서 최초로 건국한 나라는 밝달민족의 나라 배달환국이었고 이곳을 지배한 최후의 봉건국가는 밝달민족의 나라 청나라였기 때문에 청나라에서는 바이칼을 한족들이 붙인 이름인 북해北海, 소해小海를 사용하지 않고 자기 민족의 고유한 명칭인 바이하이얼호라는 이름으로 불렀던 것이라고 하겠다.

3. 바이칼은 밝달민족의 고향이다

바이칼에서의 바이는 백白, 백百의 중국어 발음이다. 오늘날 중국에서 가장 유명한 인터넷 사이트가 '바이두'인데 한자로는 백도百度라 표기하고 발음은 '바이두'라고 읽는다. 이것은 바이가 바로 백을 가리킨다는 가장 좋은 증거가 된다.

우리민족은 밝은 태양을 숭배하는 동방민족이다. 불, 발, 박은 광명을 상징하는 우리 말 밝의 다른 표현이다. 우리말 불, 발, 박, 밝을 한자로 표기하면 발發, 백白, 백百 박亳이 되고 이를 오늘의 중국 북경어로 발음하면 바이가 된다. 바이칼의 바이는 곧 광명을 나타내는 우리 밝달민족의 밝인 것이고 따라서 바이칼은 밝바다, 밝달바다의 의미가 되는 것이다.

청나라때 바이칼의 명칭인 바이하이얼호白哈爾湖, 바이하이얼호柏海爾湖의 백白과 백柏은 중국어로는 바이로 발음하지만 우리 말로는 밝달민족의 밝이다. 바이칼을 '풍요로운 호수', '천연의 바다', '대량의 물'로 해석해서는 바이의 의미가 설명되지 않는다. 바이를 밝으로 해석해야만 왜 이 호수의 이름이 바이칼인지 그 의미가 명확히 설명이 되는 것이다. 태양은 밝고 둥글고 환하다. 새벽녘 바이칼 알혼섬 동쪽 하늘에서 바이칼의 하늘을 붉게 물들이며 파란 호수위로 힘차게 떠오르는 태양의 그 찬란한 광경은 가위 신비에 가깝다. 먼 옛날 환국시대에 우리민족이 여기서 태양숭배의 광명사상이 싹텄고 밝은 태양을 숭배하는 밝달민족으로 형성되었으며, 밝달민족을 잉태하고 배달나라를 탄생시킨 바이칼은 밝바다라는 태고의 이름을 간직한채 오늘에 이르고 있는 것이다.

중국문헌에서 우리 환국 밝족의 조상들을 한자로 표기할 때 백민白民이라고 하였다. 『산해경』에 숙신과 함께 백민에 대한 기록이 나오는데 이는 바로 우리 박달민족을 가리킨 것이다. 『관자』에는 조선의 앞에 발자를 덧붙여 "발조선發朝鮮"이라 말한 기록이 나온다. 여기서 발조선의 발도 또한 광명의 뜻으로 우리 밝족을 지칭한 것이다. 『산해경』에 숙신과 함께 나오는 백민과 『관자』의 발조선은 우리민족이 상고시대에 밝족으로 호칭되었음을 증명하는 좋은 사례라고 하겠다.

이 백민과 밝족을 나중에 한족들이 한자로 기록하면서 백百에 짐승을 나타내는 부수 치多를 첨가하여 맥貊이 되었고 다시 맥貉으로 바뀌었다. 그러므로 중국문헌에 나오는 맥족은 백족 즉 본래 광명을 숭배하는 의미를 담고 있는 밝족이 저들의 존화양이 사상에 따라 맥족으로 변질된 것이다. 저들이 화하족 중심주의에 따라 훈누를 흉노라고 표기한 것을 보면 백족을 맥족으로 표기한 것도 이해가 가는 일이다.

맥이 곧 백을 의미한다는 것을 증명하는 좋은 근거가 있다. 『주례周禮』에 의하면 서주시대에 군사훈련에서 맥신 치우에게 제사지냈다는 "제표맥祭表貊"이라는 내용이 나오는데 한나라의 학자 정현鄭玄이 이에 대한 주석을 내면서 "맥은 백으로 발음해야한다"라고 말했다. 『주례』에서 말한 맥신 치우는 홍산 환국의 지도자 현도씨 현왕을 가리킨 것이다. 이런 기록들은 우리민족이 곧 밝족이고 밝족이 곧 맥족이라는 것을 알려주는 중요한 근거가 된다고 하겠다.

오늘날 바이칼을 영어로는 "baykal"이라 표기하는데 중국어로는 "바이칼호貝加爾湖"라 표기한다. 현대 중국에서 바이칼호를 북해 즉 배이하이(北海)라 하지 않고 "바이칼호貝加爾湖"라하는 것은 청나라의 명칭인 바이하이얼호白哈爾湖, 바이하이얼호柏海爾湖의 영향을 받은 것이라 볼 수 있다.

그런데 현대 중국어에서는 바이칼의 바이를 표기하는 첫 글자를 패貝자로 바꾸어 썼지만 원래 청나라에서는 백白과 백栢으로 표시했다. 백白과 백栢은 뜻은 다르지만 발음은 동일하다. 따라서 지금처럼 패貝 자를 써서 "바이칼호貝加爾湖"라고 표기하면 바이칼호가 밝달민족과 전혀 연관이 없는 것처럼 보이지만 청나라때 바이칼을 지칭할 때 사용하던 바이하이얼호白哈爾湖나 바이하이얼호柏海爾湖의 명칭속에 등장하는 백白과 백栢에는 밝족, 밝달민족이라는 뜻이 담겨 있다.

중원의 한족들은 한나라 무제때 흉노에 붙잡혀 바이칼에서 양치기를 했던 소무蘇武를 통해서 바이칼의 존재를 처음 알았다. 그리고 황하중류 중원에 근거지를 둔 한족들은 북방 시베리아에 위치한 바이칼을 북해라 불렀다. 그러면 한나라이전부터 이곳에 정착하여 살던 토착민족들은 누구였는가. 그들이 바로 파미르의 동쪽 천산 밑에 거주하다가 바이칼호 동쪽으로 이동하여 배달환국을 건립했던 밝민족이었던 것이다.

바이칼은 밝민족의 생활무대이기 때문에 밝족의 바다, 밝족의 호수라는 뜻으로 바이하이얼호白哈爾湖, 바이하이얼호柏海爾湖라 불렸던 것이며 현대 중국에서는 이를 한자로 "바이칼호貝加爾湖"로 표기하여 오늘에 이르고 있는 것이다. 지금은 중국에서 한족들이 "바이칼호貝加爾湖"로 표기하고 있지만 바이칼의 의미가 본래 밝바다인 점을 고려할 때 "바이칼호貝加爾湖"보다는 "바이칼호白加爾湖"로 표기하는 것이 원래의 의미에 더 부합된다고 할 것이다.

한과 조선의 국경을 나누는, 한국 고대사상에 매우 중요한 의미를 지닌 패수浿水도 본래는 밝달민족의 강을 지칭하는 백수白水였는데 저들이 글자를 바꾸어 패수浿水로 기록하는 바람에 지금 그 존재가 오리무중이 되었다. "바이칼호白加爾湖"를 "바이칼호貝加爾湖"로 바꾼 것을 연상한다면 백수白水를 패수浿水로 글자를 바꿨다는 사실이 이해가 갈 것이다.

오늘날 한반도에 살고 있는 한국인들 가운데는 머나먼 동토의 땅 바이칼이 우리 한민족과는 아무런 관련도 없는 러시아 땅이라고 인식하는 사람이 태반일 것이다. 그러나 신석기시대 한반도에서 출토된 햇살무늬 토기가 시베리아에서 출토된 햇살무늬토기와 맥을 같이 하고 있다는 것은 고고학계가 공인하고 있는 사실이 아닌가.

다만 한국의 강단사학은 한반도의 햇살무늬 토기문화가 이민족인 시베리아의 고아시아족의 선진적인 문화를 수입하여 그 아류문화적 성격으로 형성된 것이라고 믿는다. 그러나 나의 생각은 다르다. 시베리아의 고아시아족은 다름아닌 그들이 바로 바이칼에 뿌리를 둔 밝족이고 당시에 바이칼과 한반도가 모두 밝족의 활동무대였으며 따라서 시베리아와 한반도에서 동일한 신석기시대의 햇살무늬 토기가 출토되는 것은 당연한 일이라고 보는 것이다.

　바이칼에는 고아시아족이 살고 한반도에는 고아시아족과 다른 민족이 살고 있었던 것이 아니라 파미르의 천산 즉 밝산에서 환인씨에 의해 출발한 밝족이 바이칼에서 환웅천왕에 의해 새 나라 신시神市, 즉 배달국시대를 열었고 이들 밝족이 다시 남쪽의 밝산인 적산赤山 즉 오늘의 내몽골 적봉시에서 밝달 환국의 전성기에 해당하는 홍산문화를 꽃피웠으며 이들이 다시 남하하여 밝바다 즉 북경의 발해만을 중심으로 발조선을 세웠고 발조선의 밝달민족은 산동반도, 요동반도, 한반도로 활동무대를 넓혀나갔던 것이다.

　그러므로 바이칼은 밝족의 고향이다. 환국 밝족의 역사를 거슬러 올라가면 우리 밝달민족의 역사가 지금도 바이칼에서 살아 숨쉬고 있다. 비록 헤아릴 수 없는 수많은 세월이 흘렀지만 밝달민족의 위대한 발자취가 거기에 지명, 토템, 언어, 민속 등 여러 가지 형태로 남아서 바이칼은 먼 옛날 밝족의 터전이었다는 사실을 무언으로 웅변해주고 있는 것이다.

4. 환국의 새 역사가 시작된 곳 북해北海는 지금의 바이칼

"옛적에 환국이라는 나라가 있었는데 백성들은 부유하고 인구도 많았다. 처음에는 환인이 천산에서 거주하였다(昔有桓國 衆富且庶焉 初桓仁 居于天山)"『삼성기전』하편의 이 기록에 의거하면 환인씨 환국의 발상지는 파미르고원 북동쪽에 있는 천산이었다는 것을 알 수 있다. 그런데『삼성기전』하편은 다시「고기古記」를 인용하여 다음과 같이 말하고 있다.

"파내류의 산 아래에 환인씨의 나라가 있었는데 천해天海 이동의 땅도 또한 파내류국이라고 호칭했다. 그 땅의 넓이는 남북이 5만리이고 동서로는 2만여리이다. 모두 합쳐서 환국이라고 말한다......천해는 오늘날은 북해라고 한다.(波奈留之山下 有桓因氏之國 天海以東之地 亦稱波奈留之國 其地廣 南北五萬里 東西二萬餘里 總言桓國...... 天海今日 北海)"

여기서 말하는 파내류산은 '세계의 지붕'이라 불리는 파미르고원(Pamir Mountains, 帕米爾高原)을 가리킨다. 산의 평균 높이는 6,100m 이상이다.

중앙아시아의 천산天山 산맥, 카라코람 산맥, 곤륜崑崙 산맥, 티베트고원, 히말라야 등의 산맥에서 힌두쿠시까지의 산줄기들이 모여서 이루어졌다. 중국에서 지금은 이 산을 파미르帕米爾로 표기하지만 당나라때는 파내류波奈留로 표기했으며 그 지역에 파가 많이

자생한다고 해서 총령葱嶺으로도 불렸다.

『삼성기전』에서 인용한 「고기」가 어느시대 누구에 의해 쓰여진 「고기」인지 알 수 없는 것이 유감이다. 그러나 이 「고기」의 기록을 분석해 보면 환인씨 환국과 환웅씨 환국이 어떻게 다른지 그 구분이 담겨 있다고 본다. 「고기」는 "파내류의 산 아래에 환인씨의 나라가 있는데 천해 이동의 땅까지 모두 환인씨 환국의 강역이다"라고 말하지 않고 천해이동의 땅은 그와 분류하여 "그곳도 또한 파내류국이라 호칭한다."라고 말한 뒤에 이를 "모두 통틀어 환국이라 호칭한다(總言桓國)"라고 말했다.

이는 파미르의 산 아래 천산을 환인씨의 환국, 천해의 동쪽을 환웅씨의 환국으로 구분하여 설명한 내용이라고 본다. 다시 말하면 초창기에 파내류산 아래에 환인씨의 나라가 있었는데 뒤에 환웅씨가 천해 동쪽의 땅으로 이동해 가서 이때 파내류국의 강역이 남북 5만리 동서 2만리로 크게 확대되었으며 환인씨가 천산밑에 세운 나라와 환웅이 천해 동쪽에 세운 나라를 통칭하여 환국이라 불렀다는 의미로 해석할 수 있는 것이다.

「고기」에 따르면 환인씨의 환국은 파미르고원의 천산天山 밑에서 출발했지만 그뒤 환웅씨시대에 이르러 강역이 점차 천해天海 이동 지역으로까지 확대되었고 강역의 넓이는 남북으로 5만리, 동서로 2만리에 달했으며 그 광활한 국경 안에는 12개의 분국들이 있었는데 이 12개 분국을 거느린 연방국가의 이름은 환국으로 통칭되었음을 알수가 있다고 하겠다.

『삼국유사』에는 「고기古記」를 인용하여 다음과 같이 말했다. "옛날에 환인桓因 - 제석帝釋을 말한다 - 의 여러 아들 중에 한 아들인 환웅桓雄이 천하에 자주 뜻을 두고 인간세상을 탐하여 구하였다. 아버지가 아들의 뜻을 알고 삼위三危, 태백太白을 내려다보니 인간을 널리 이롭게 할 만 하였다. 이에 천부인天符印 세 개를 주며 가서 다스리게 하였다.(古記云 昔有桓因謂帝釋也 庶子桓雄 數意天下 貪求人世 父知子意 下視三危太伯 可以弘益人間 乃授天符印三箇 遣往理之)"

고려때 승려인 일연이 「고기」에 나오는 환인을 불교의 제석천으로 해석하는 바람에 환인, 환웅의 이야기가 인간세상의 이야기가 아닌 하늘나라의 이야기처럼 되었다. 그러나 『삼성기전』에서 인용한 「고기」에 따르면 환인은 천상의 제석이 아니라 파미르의 천산 밑에 환국이라는 나라를 세운 환인씨였고 환웅은 하늘나라에서 지상으로 내려온 것이 아니라 파미르의 천산에서 천해 동쪽으로 이동하여 환국의 강역을 크게 확대하며 밝달민족의 새 역사를 연 환웅천왕이었던 것이다.

그러면 이때 환웅이 천산으로부터 이동하여 환국의 새로운 역사를 열었던 천해天海의 동쪽이란 과연 어디를 말하는 것일까. 오늘날 우리가 환웅씨 환국의 소재지를 밝히기 위해서는 천해가 어딘지를 파악하면 되는 것인데 『삼성기전』에서 "천해는 지금은 북해라고 한다.(天海今曰北海)"라는 설명을 덧붙이고 있으므로 북해를 추적하면 천해의 실체가 드러나게 되는 것이다.

환웅씨 환국이 있었던 북해는 과연 오늘의 어디인가. 천해의 다른 이름인 북해는 오늘날의 바이칼호수를 가리킨 것이다. 북해가 바로 오늘날의 바이칼이라고 하는 것은 "소무목양蘇武牧羊"이라는 중국의 유명한 고사에서 그 근거를 찾을 수 있다. 소무목양에 관한 자세한 내용은 서기전 80년 반고가 쓴『전한서』소무전에 실려 있는데 그 내용을 요약하여 소개하면 다음과 같다.

"소무(서기전 140~서기전 60)는 서한시대의 대신으로 무제시대에 낭관郎官으로 있었다. 그는 천한天漢 원년(서기전 100년)천자의 명을 받들어 중낭장中郎將 신분으로 한나라의 부절符節을 가지고 흉노에 사신으로 갔다가 귀국하지 못하고 강제 억류를 당했다.

흉노의 귀족들은 여러차례에 걸쳐 소무를 위협하고 회유하며 그를 흉노에 투항시키려고 했으나 계속 뜻을 굽히지 않자 뒤에 소무를 북해北海의 주변으로 이동시켜 양을 치도록 하면서 '숫양이 새끼를 낳으면(公羊生子)' 그때 가서 석방하여 귀국시켜 주겠다고 하였다. 소무는 온갖 고초를 다 겪으면서도 흉노에 억류된지 19년동안 지조를 지키며 굽히지 않았다. 그러다가 시원始元 6년 (서기전 81년) 비로소 석방되어 한나라로 돌아올 수 있었다."

중국의 학계에서는 흉노가 소무를 보내 양을 치도록 하였다는 『한서』소무전에 나오는 이 북해가 오늘날의 러시아 바이칼호수를 가리킨 것이라 이해하고 있으며 이것이 중국문헌에 등장하는 바이칼호수에 대한 첫 기록이라고 말하고 있다.

중국 선진문헌 가운데 나오는 북해는 오늘날의 러시아 바이칼호수가 아닌 중국 하북성 동남쪽의 발해를 가리킨 경우도 있다. 예컨대『맹자』에는 "강태공은 동해의 바닷가에 살았고 (居東海之濱) 백이

伯夷는 북해의 바닷가에 살았다(居北海之濱)"라고 말한 기록이 나온다. 강태공은 서주시대의 제齊나라 사람이다. 강태공이 살았던 제나라는 지금의 산동성 동북쪽 동해 바닷가에 인접해 있었다. 백이는 은나라 말엽 고죽국孤竹國의 왕자인데 백이의 나라 고죽국은 하북성 동남쪽 발해유역 지금의 하북성 진황도시 노룡현 부근에 있었다.

맹자가 말한 북해는 지금 발해의 다른 이름이다. 오늘날의 발해를 북해라고도 호칭한 이유는 상고시대에는 복희, 소호의 활동무대가 모두 갈석산 동쪽이고 중국의 중심이 중원이 아니라 동북방이었다. 그런데 주周나라이후에는 천하의 중심이 섬서성, 하남성 일대로 옮겨가서 그곳이 중원이 되었다. 중원인 섬서성, 하남성 일대에서 바라볼 때 지금의 발해 연안인 하북성 노룡현 부근에 위치해 있었던 백이의 나라 고죽국은 북쪽이 되기 때문에 그래서 맹자가 발해를 가리켜서 북해라고 말했던 것이다.

요녕성 조양시 부근에서 고죽뇌孤竹罍(명문이 새겨진 고죽국의 술독)가 발견된 것은 백이, 숙제의 나라 고죽국이 발해연안에 존재했음을 증명하는 좋은 고고학적 근거가 된다. 맹자가 발해의 연안에 살았던 백이를 가리켜 북해의 연안에서 살았다고 말한 것으로 본다면 발해의 다른 이름이 북해였음을 미루어 짐작하기에 어렵지 않은 것이다.

그러나 반고의 『한서』 소무열전에 나오는 "소무목양"의 무대가 되었던 북해를 북경시 동남쪽에 위치한 발해라고 해석하면 맞지 않다. 오늘날의 몽골, 러시아 일대가 한나라때는 흉노족의 활동무대였다. 흉노가 소무를 북쪽으로 멀리 추방하여 북해주변에서 양을 치도록 하였다면 그 지역은 지금 중국 하북성의 발해만이 아니라 러시아 바이칼호수 주변이 될 수 밖에 없는 것이다.

한나라때는 청주자사 관할하에 제군齊郡 동래군東萊郡과 함께 북해군北海郡이 설치되기도 하였고 또 때로는 북해국이 설립되기도 하였다. 그러나 이런 북해는 모두 바이칼이 아닌 발해 부근에 있던 지역을 가리킨 것이다. 그런데 서한 시대 반고의 『한서』에 발해가 아닌 바이칼을 북해라고 표현한 기록이 처음 등장하는 것으로 본다면 한족들은 흉노의 땅 북쪽에 바이칼호가 있다는 사실을 모르고 있다가 "소무의 목양"을 통해서 바이칼의 존재를 비로소 알게 되었으며 그후 바이칼이 다시 북해라는 이름으로 한족 역사상에 등장을 하게 된 것이라고 하겠다.

환인씨나 환웅씨가 씨족명 앞에 모두 환자를 사용하고 있다. 이는 환인씨나 환웅씨가 다 같은 환국의 지도자였음을 말해준다. 다만 천산 밑에서 환인이 시작한 환국은 북해 즉 바이칼로 이동해서 환웅이 일으킨 배달환국과는 국력면에서 큰 차이가 있었다. 다 같은 환국이지만 환웅의 환국을 배달국이라 달리 호칭하기도 하는 것은 이런 차이를 반영한데서 나온 것이라고 하겠다.

파미르의 천산 밑에서 출발한 환인씨 환국이 제1 환국이라면 북해 즉 바이칼 동쪽으로 이동하여 건국한 환웅씨 환국은 제2의 환국이라 할 수 있겠다. 환인씨의 제1 천산 환국이 초창기의 환국이라면 환웅씨의 제2 바이칼 환국은 성장 발전기의 환국이라 말할 수 있는 것이다

5. 환웅이 강림한 태백산은 바이칼의 사얀산이다

먼 옛날 우리민족의 조상들이 가꾼 삶의 터전을 만주와 한반도 일대로 간주하는 것이 우리 역사학계의 보편적 인식이다. 국사 교과서에서 그렇게 가르치고 있다. 그러나 지난날 우리 밝족 동이의 활동무대는 바이칼과 몽골초원 그리고 중국의 산동성, 하북성, 산서성, 동북 3성과 한반도를 아우르는 드넓은 지역에 걸쳐 있었다. 우리 동이족의 역사강역은 지금 우리가 생각하는 것보다는 훨씬 더 넓었으며 사실은 우리의 상상을 초월하는 것이었다.

『삼국유사』에서는 「고기」를 인용하여 환웅이 무리 3천을 이끌고 태백산 신단수 아래로 내려와 신시를 세웠다라고 말했다. 이 태백산이 어떤 산이냐에 따라서 우리민족의 삶의 터전과 활동무대가 완전히 달라지게 된다. 중국학계에서는 바이칼호 남쪽을 옛 숙신땅이었다라고 주장하고 있는데 이 숙신은 고조선의 다른 이름이라는 것을 상기한다면 중국에서도 바이칼호 남쪽을 고대의 고조선의 강역으로 이해하고 있다는 반증이 되기도 한다.

『삼국유사』는 「고기古記」에 나오는 환인에 대해 "제석을 말한다.(謂帝釋也)"라는 본래 「고기」에 없는 불교적 해석을 덧붙인 것처럼 환웅천왕이 강림했다는 태백산에 대해서도 "지금의 묘향산이다(今妙香山)"라는 본래 「고기」에 없는 말을 자의적으로 추가하였다. 여기서 묘향산은 북한의 평안북도 영변군 희천군과 평안남도 덕천군에 걸쳐 있는 산을 가리킨다.

북한에 있는 묘향산이 환웅천왕이 신시라는 도읍을 세운 환국의 유적지가 되기 위해서는 그곳에서 그것을 증명할 수 있는 상고시대의 유물이나 유적이 나와야하고 아니면 적어도 우리민족의 시원과 관련된 어떤 흔적이라도 찾아볼 수 있어야한다. 그러나 지금까지 묘향산에서 그와 관련된 어떤 신석기시대 유적이나 흔적이 발견되었다는 것이 알려진 적이 없다.

일연의 『삼국유사』가 「고기」를 인용하면서 "환인은 제석천을 말한다"라고 주석한 것이 후세에 환인, 환웅을 신화로 취급되게 하는데 원인을 제공했다면 환웅이 내려온 태백산을 "지금의 묘향산이다"라고 주석한 것은 후세에 우리민족의 활동무대를 한반도 안으로 축소시키는데 빌미를 제공했다고 말할 수 있다.

선가계통의 사서인 『삼성기전』 상편에서는 "어느날 동녀 동남 800명을 데리고 흑수, 백산의 땅으로 내려와……나라 이름을 환국이라 하였는데 이분을 천제 환인씨라 이른다.(日降童女童男八百於黑水白山之地……謂之桓國 是謂天帝桓因氏)"라고 하였다. 이는 우리민족 최초의 나라 환인씨의 환국이 "흑수 백산"의 땅에서 건국된 사실을 말해준다.

그리고 『삼성기전』 상편에는 또 환웅씨가 환인씨의 뒤를 이어 신시에 도읍을 세우고 나라 이름을 배달이라 하였는데 그곳은 "백산 흑수의 사이이다(白山黑水之間)"라는 내용도 보인다.

여기서 말하는 '백산 흑수'란 어디를 가리킨 것일까. 혹자는 백두산과 흑룡강 일대를 말하는 것으로 보기도 한다. 그러나 백두산과 흑룡강 사이에서 환국의 환인, 환웅과 관련된 상고시대의 유적이나 흔적을 찾아볼 수 있는가. 백두산이나 흑룡강 유역에서 상고의 환인, 환웅시대에 사람이 생존했다면 암각화와 같은 그 시대에 사람이 살았던 흔적이 발견되어야 하는데 지금까지 이곳에서 그러한 유적이 발견된 사실이 없다.

"어떤 한 분의 신인이 시베리아의 하늘에 있었다.(有一神在斯白力之天)" 이는 『삼성기전』 상편에서 환인씨와 환웅씨의 '백산 흑수'에서의 환국 건국을 언급하기에 앞서 서두에서 언급하고 있는 내용이다. 환인, 환웅의 환국 건국을 말하기 앞서 언급한 사백력斯白力을 글자의 뜻을 풀어서 해석을 달리하는 경우도 있지만 시베리아를 한자의 발음으로 음차하여 표기한 것으로 보는 것이 합당하다고 본다.

『삼성기전』의 전후 기록을 미루어 살펴보면 『삼국유사』의 「고기」에서 말한 환웅이 내려왔다는 태백산은 바로 "백산 흑수"의 백산을 지칭한 것일 가능성이 높다고 여겨진다. 바이칼의 짙푸른 물은 파랗다 못해 검은 색에 가깝다. 흑수黑水라는 말이 잘 어울린다. 바이칼 연안을 둘러싸고 있는 산은 이름이 사얀산인데 사얀은 여진어로서 우리말의 하얗다는 말과 같은 뜻이다. 이를 한자로 표기하면 백산白山이 된다.

『삼국유사』에서 인용한 "환웅이 무리 3,000을 거느리고 태백산 정상에 내려와 나라를 열었다"라는 「고기」의 내용은 그동안 일연이 환인을 제석천으로 해석하고 태백산을 묘향산에 비정하는 바람에 그로 인해서 하늘나라에 있던 환인 하나님의 아들 환웅이 지상의 한반도로 내려와 나라를 세운 신화로 인식되어 왔다.

그러나 『삼성기전』에서 인용한 「고기」에 따르면 이는 천상 세계에 있던 하나님 환인의 아들 환웅이 하늘나라에서 지상으로 내려와 인간 세상을 다스린 것이 아니라 환인씨 천산 환국의 아들 환웅이 파미르의 천산에서 바이칼의 사얀산 즉 백산으로 이동하여 환웅씨의 배달환국 즉 밝달환국을 건국한 사실을 가리킨 것이다. 『삼국유사』에 등장하는 곰, 호랑이 이야기는 천산에 거주하던 환족 통치자가 남쪽으로 이동하여 바이칼의 원주민인 웅족, 호족과 결합한 사실을 반영한 것이라고 하겠다.

최남선은 환웅이 내려온 태백산을 백두산으로 보기도 하였고 혹자는 중국의 태산이라 말하기도 하였다. 그러나 환웅이 내려온 태백산은 묘향산도 백두산도 태산도 아니며 사얀산이다. 환웅이 태백산에 내려왔다는 산을 지금의 백두산으로 볼 경우에는 『삼국유사』의 곰설화와 부합되지 않는다. 백두산은 예로부터 곰의 서식지가 아니기 때문이다. 그러나 태백산을 바이칼의 사얀산으로 볼 경우 곰설화와도 맞아 떨어진다. 시베리아는 예로부터 곰의 서식지로 알려져 있고 원시사회에서 곰을 토템으로한 민족이 이곳에서 생활했기 때문이다.

한국에 유전자 분석을 통해서 한국인의 원형을 바이칼로 보는 학자가 있다. 당뇨병 연구의 권위자인 서울의대 이홍규 교수가 바로 그 분이다. 그는 질병 인자를 연구하다가 유전인류학의 전문가가 됐다고 한다. 이홍규 교수는 유전자 분석을 통해서 한국인의 원형이 4만년부터 1만 5,000년 전 사이에 바이칼호 밑 동굴 속에서 만들어졌다는 학설을 내놓았다. 이홍규교수의 주장은 바이칼이 밝달민족의 고향임을 유전학적으로 뒷받침하는 매우 중요한 연구결과라고 하겠다.

『삼국유사』에서 말하는 태백산을 바이칼의 사얀산 즉 백산으로 보고 환인씨 천산환국의 아들 환웅이 파미르의 천산에서 이곳 사얀산으로 이동해와서 배달환국을 세웠다고 한다면 북한의 묘향산이나 길림성의 백두산이 아니라 바이칼호 사얀산 일대가 우리 밝달민족의 발원지가 되게 된다. 오늘날 대한민국에 태어나서 한반도를 무대로 살아가고 있는 우리 한국인들은 먼 옛날 우리 조상들이 수만리나 떨어진 시베리아의 바이칼호 부근에서 우리민족의 첫 국가 환국을 세웠다는 사실에 얼른 수긍이 가지 않을 수도 있다.

　바이칼은 현재 러시아에 소속된 땅이고 우리의 뇌리에서 멀어진 지 오래이다. 이광수가 한때 바이칼호 부근에 가서 머물며 소설을 쓴 적이 있지만 바이칼이 우리 밝달민족의 발상지라는 그런 역사의식은 그에게서 전혀 찾아볼 수 없었던 것이 하나의 좋은 사례라고 하겠다. 그러나 바이칼에서는 우리 한민족의 시원과 관련된 자취들이 의외로 많이 발견된다. 그곳의 역사와 문화 그리고 그곳에 남아서 오늘에 전하고 있는 지명 등을 유심히 살펴보면 환웅이 내려온 태백산은 백두산이나 묘향산이 아니라 사얀산이라는 사실에 고개가 끄덕여 지게 될 것이다.

　그리고 우리가 생각의 지평을 넓혀보면 바이칼이 밝족의 시원이라는 사실이 그렇게 터무니없는 이야기만도 아니다. 예컨대 시베리아의 찬공기가 서울의 날씨에 영향을 미치고 몽골초원의 황사가 서울의 하늘을 누렇게 변질시킨다. 한국과 몽골과 시베리아는 하늘과 땅이 하나로 연결되어 있으므로 공기가 통하고 먼지가 오고 가는데 왜 사람은 왕래가 없었겠는가. 오늘의 한국인이 지난날 바이칼에서 출발하여 지금 여기 한반도에 발을 딛고 살아갈 가능성은 충분히 있는 것이다.

우리를 가리켜 우랄알타이어족이라고 한다. 우랄산은 유럽과 아시아의 경계로 여겨져온 곳에 위치해 있고 고비 사막에서 서시베리아 평원까지 2,000㎞ 길이에 걸쳐 있는 알타이 산맥은 고비 알타이, 몽골 알타이, 소비에트 알타이로 나뉜다. 우리가 한반도에 살고 있지만 한반도어를 사용하지 않고 우랄, 알타이 사람들과 같은 계통의 언어를 사용하고 있다는 것은 상고시대로 올라가면 우리의 고향이 한반도가 아니라 우랄, 알타이였을 가능성을 말해주는 것이 아니겠는가.

일부 민족사학자들 가운데 바이칼을 우리의 고향으로 생각하는 사람이 없는 것은 아니나 어떤 명확한 근거를 바탕으로 설명하는 사람은 그리 많치 않으며 그저 뜬구름 잡는 식에서 벗어나지 못한다. 아래에서 바이칼이 우리민족과 역사적으로 어떻게 관련이 되는지 또 그곳에는 밝달민족과 관련된 어떤 상고시대의 흔적들이 남아 있는지를 다양한 각도에서 하나하나 체계적으로 검토해보기로 한다.

6. 바이칼의 부르한 바위

강화도 마리산(마니산) 정상에 단군 제천단이 있다. 이곳에 올라 서면 거기서 뿜어내는 기는 다른 곳과는 다른 것을 느낀다. 천지의 기가 모인 곳이기에 예로부터 이곳에서 우리 조상들이 천제를 지냈을 것이다.

중국에서는 태산이 역대 황제들이 천지신명께 제사를 드리던 장소이다. 황제가 하늘과 땅에 제사지내는 것을 봉선封禪이라 한다. 봉은 하늘에 제사를 지내는 것이고 선은 땅에 제사를 지내는 것이다. 태산이 중국에서 명산으로 이름을 날리는 것은 높은 산이어서가 아니라 하늘과 땅의 기가 모인 산이기 때문이다.

그런 점에서 "산은 높다고 좋은 산이 아니라 신선이 있으면 명산이고 물은 깊다고 좋은 물이 아니라 용이 있으면 신령한 물이다.(山不在高 有仙則名 水不在深 有龍則靈)"라는 중국 당나라때 문인 유우석 劉禹錫(772~842年)의 말은 설득력이 있다고 하겠다.

내가 중국 대륙의 여러 곳을 여행하면서 기가 좋다고 느낀 지역은 내몽골 시라무렌강 유역의 크스크등기, 옹우특기이다. 옹우특기는 중원 제1봉 즉 최초의 봉황새가 출토된 지역이고 크스크등기는 단군이 도읍을 세웠다는 아사달과 이름이 유사한 아사하투阿斯哈圖라는 산이 있는 곳이다. 요녕성 조양시朝陽市, 우리말 아사달시의 서북쪽에 위치한 그곳을 찾았을 때 거기서 느껴지는 기운은 확실히 다른 곳과는 차원이 다름을 느낄 수 있었다.

그런데 그동안 내가 경험한 곳 중에서 기가 가장 강한 곳은 바이칼의 알혼섬이 아니었나 싶다. 지금은 알혼섬이 육지와 분리되어 배를 타고 들어가도록 되어 있으나 태고적 빙하기에는 아마도 이 지역이 육지와 연결되어 사람들의 자유로운 왕래가 가능했을 것으로 여겨진다.

새벽녘에 일어나 바이칼호수 알혼섬 주변에 나가보면 서양 사람들이 먼저 와서 여기저기 모여앉아 명상을 하고 있는 모습이 눈에 띄었다. 서양에도 경치가 아름답고 명상하기 좋은 곳이 많을 텐데 저들이 굳이 알혼섬을 찾아 와서 가부좌를 틀고 앉아 명상을 하는 것을 본다면 바이칼 알혼섬이 지구상에서 기가 가장 좋은 곳이라는 나의 말이 빈말이 아님을 실감하게 될 것이다.

바이칼의 알혼섬에는 경치가 가장 아름답고 기가 가장 센곳에 두 개의 크지도 작지도 않은 바위가 위용을 자랑하며 나란히 서 있다. 그런데 이 바위 이름을 부르한 바위라고 부른다. 부리야트 사람들은 이곳이 게세르가 강림한 바위라고 말하는데 게세르칸 바위라 하지 않고 부르한 바위라고 부르는 이유가 무엇일까.

바이칼호수의 부르한 바위는 겉으로 보기에도 매우 신령스러워 보인다. 호숫가에 짝을 이루어 장엄하게 서 있는 이 바위의 이름 부르한, 그러나 이 바위의 이름이 왜 부르한인지 그 의미를 정확히 설명하고 있는 경우는 거의 드물다.(사진 자료 참조)

나는 부르한은 불칸과 동의어라고 생각한다. 부르는 불의 변음이고 한은 칸의 음이 변한 것이다. 즉 이 바위는 불칸바위인 것이다. 불칸이란 무슨 의미인가. 불은 밝을, 칸은 왕을 뜻한다. 밝칸은 우리말로 하면 밝달임금이 되니 부르한 바위는 곧 밝달임금 바위인 셈이다.

까마득히 먼 옛날 태고시대에 이곳을 다스린 밝달임금은 하늘과 땅의 기가 모인 신성한 부르한 바위에 와서 천지 신명께 제사를 지내고 태양을 향해 경배했을 것이다. 그래서 불칸바위, 부르한 바위라 부르게 되었을 것이다. 그러면 여기서 천제를 지냈던 불칸은 역사상의 어떤 왕을 가리킨 것일까. 부르한의 부르는 밝을, 한은 왕을 지칭하는 것이므로 환국시대의 밝달임금인 환인, 배달환국시대의 환웅천왕을 지칭한 것이 아니겠는가.

7. 부르한 바위와 부루, 부루단지

부르는 우리역사 상에서 볼 때 그리 낯선 이름이 아니다. 부르와 유사한 부루는 우리에게 꽤나 낯익은 이름이다. 『삼국유사』에는 북부여왕 해모수의 아들이 부루夫婁라고 나온다. 부루는 뒤에 가섭원으로 도읍을 옮겨 동부여의 왕이 되었다.

『삼국유사』에 의하면 부루夫婁/扶婁는 고조선古朝鮮을 건국한 한민족의 국조 단군왕검檀君王儉의 아들로서 부여의 2대 국왕이다. 『단군세기』에서는 부루를 2세 단군으로 기록하고 거기에 부루단지와 관련된 내용을 상세히 기술하고 있다. 『제왕운기』에는 부루는 단군왕검의 아들인데 단군이 하백의 딸과 혼인하여 낳은 아들이라고 기록되어 있다.

밝달임금 바위를 뜻하는 바이칼 알혼섬의 부르한 바위는 명칭상에서 볼 때 한국의 역사상에 등장하는 밝달임금 단군, 또 그의 아들 부루와도 모종의 연관성이 없지 않아 보인다. 밝달민족들은 먼 옛날 이곳 바이칼에서 삶을 영위하던 시절 이 두 바위를 밝달임금 바위라고 하면서 신성시하였을 것이고 부르한이라는 영광스러운 이름이 뒷날 한자로 기록되면서 단군, 부루 등의 이름으로 변천되어온 것은 아닐까.

바이칼 알혼섬에 짝을 이루어 나란히 서 있는 부르한 바위는 처음에는 환인, 환웅바위였다라고 말할 수 있을 것이다. 그러나 환인, 환웅 뿐만 아니라 그뒤 여러 밝달임금들이 이곳을 찾아 경배하면서 부르한 바위는 구체적으로 어느 누구를 지칭하는 고유명사가 아니라 환인, 환웅, 단군, 부루 등을 범칭하는 보통명사로 불려지게 된 것은 아닐까.

부루라는 말은 우리나라에서 오늘날까지도 농촌에 남아 전해지고 있다. 부루단지가 그것이다. 경상도와 전라도에서 농신農神에게 바치는 뜻으로 가을에 제일 먼저 거둔 햇 곡식을 넣어 모시는 단지를 부루독(種子甕)이라고 하는데 이 부루단지도 밝달임금 부루에 어원을 두고 있고 부루는 다시 바이칼의 부르한과 맥이 닿아 있는 것이 아닌가 여겨지는 것이다.

8. 바이칼에서 만난 새 토템

토템이란 원시 사회에서, 자신들의 부족 또는 씨족과 특별한 관계가 있는 것으로 믿어 신성하게 여기던 동식물이나 자연물을 가리킨다. 문명이 고도로 발달한 현대사회에서도 일부 지역에서는 이러한 토템이 그대로 존속되고 있는 것을 발견할 수가 있다.

『삼국유사』에는 발조선의 국조 단군의 건국설화가 나오는데 거기에 하늘을 토템으로 하는 환부족과 곰을 토템으로 하는 웅부족, 범을 토템으로 하는 호부족의 3부족이 있었으며 나중에 곰을 토템으로 하는 웅부족과 하늘을 토템으로 하는 환부족이 혼인하여 단군을 탄생하게 되었다는 설화가 실려 있다. 여기서 환인 환웅의 환은, 뜻으로는 밝을 환자로 광명을 상징하고 음으로는 환하다는 것으로서 하늘의 밝은 태양을 음으로 표기한 것이다.

이 설화에 따르면 곰은 우리 환족의 토템이 아니다. 굳이 말한다면 단군의 모계 토템인 셈이다. 우리 밝족은 하늘을 숭배한 환웅의 자손으로서 밝고 환한 태양을 토템으로 하였으며 하늘의 태양을 숭배하는 연장선상에서 하늘을 나는 새를 토템으로 하게 되었다. 우리 밝족이 곰을 부족의 신으로 받들고 이를 민족의 상징으로 여겼다면 그것이 고구려, 백제, 신라로 이어지면서 곰토템이 나타나야 한다. 그러나 고구려, 백제, 신라에서 곰을 토템으로 모신 흔적은 찾아볼 수 없다.

곰은 우리나라에서 "곰같이 미련한 놈"이라는 표현에서 보는 바와 같이 어리석음과 우둔함의 상징이다. 그런데 이런 미련한 곰이 왜 우리민족의 숭배의 대상, 또는 우리민족의 상징으로 여겨져온 것일까. 그것은 항일투쟁시기 일본의 식민사학자들이 『삼국유사』의 단군사화를 신화로 해석하고 밝은 태양을 숭배하던 우리민족의 토템을 우둔한 곰을 숭배하는 토템으로 왜곡하면서 곰 토템 이론이 형성되게 된 것이다. 그 이론적 배후에는 우리 밝족이 태양을 숭배하던 위대한 민족이라는 사실을 감추고 우둔한 곰을 민족신으로 모시는 어리석은 민족이었다는 사실을 부각시킴으로써 우리민족이 스스로 자괴감과 자책감에 빠지게 하려는 일본의 간교한 식민사관이 숨어 있었던 것이라고 하겠다.

역사를 통해서 나타나는 우리 밝족의 토템은 곰이 아니라 새였다. 『세종실록』에 나오는 『단군고기』에는 "천제의 태자 해모수가 부여의 옛 도읍지에 오룡거를 타고 내려왔는데 "머리에는 까마귀 깃으로 만든 관을 쓰고 있었다(首戴烏羽之冠)"라는 기록이 보인다. 그리고 고구려의 삼족오, 백제 금동향로의 봉황새, 신라 금관의 새 깃털 모양 장식 등을 본다면 우리민족은 새를 토템으로 했던 민족이 분명하다. 그러나 오늘날 한반도에서는 이러한 새 토템의 잔영을 찾아보기가 쉽지 않다. 그런데 바이칼에 가면 우리가 잃어버린 새 토템을 거기서 만날 수 가 있다.

바이칼호수 주변의 가장 성스러운 곳에는 솟대가 세워져 있고 솟대 위엔 큰 새가 사방을 응시하며 위엄 있게 앉아 있는 모습을 보게된다. 그 뿐이 아니다. 바이칼호의 부르한 바위가 있는 마을 주변에는 가정집에서도 호텔에서도 여관에서도 마을 곳곳에 이런 새토템주들이 줄지어 서 있는 모습을 어렵지 않게 만나볼 수 있다. 어떤 집에는 이런 새 토템주들이 앞마당에도 뒤뜰에도 수십개씩 서 있고 심지어는 지붕에서도 대문에서도 벽에서도 새토템이 발견된다.(사진자료 참조)

오랜 시간이 흐르면서 그러한 전통이 다른 지역에서는 차츰 사라졌는데 이곳 바이칼은 새토템이 시작된 발상지이기 때문에 그러한 전통이 지금까지 보존되어 전해지는 것이 아닌가 여겨진다. 바이칼의 부르한 바위 옆 마을에 가서 마을 여기 저기 줄지어 늘어서 있는 새 토템주들을 바라보고 있노라면 마치 우리 조상들이 살던 그 옛날 환국, 밝조선 시대의 마을로 되돌아간 느낌을 받는다.

9. 바이칼에 보존된 밝족의 상징 문양

황제黃帝 헌원의 후손인 서주西周가 은나라를 멸망시키고 동쪽으로 진출하여 제齊나라를 세우기 이전까지는 중국 산동성 동북쪽은 동이족 특히 내이萊夷들이 터전을 이루고 살았던 지역이다. 그런데 이곳 산동성 태안의 신석기시대 대문구유적에서 흙으로 빚은 도기에 새겨진 다음과 같은 문양(사진 자료 참조)이 발견되었다. 여기에 대하여 해석이 구구한데 일부 중국 학자들은 이것이 아침을 상징하는 최초의 동이문자 아침 단旦 자라고 해석하기도 한다.

중국 화하족의 발상지인 섬서성 일대에서 발굴된 신석기시대의 도기에서는 물고기 문양은 나와도 이처럼 태양을 상징하는 문자 모양의 문양은 발굴된 일이 없다. 그 이전에 햇살무늬, 소위 강단사학이 말하는 빗살무늬를 새긴 문양은 도기에서 발견된 적이 있지만 이러한 해와 달을 상징하는 문자 모양의 문양이 발견된 것은 아시아에서 처음이기 때문에 이것을 중국 학계에서는 아시아 최초의 문자라고 말하기도 하는 것이다.

아침에 찬란한 둥근 태양이 떠오르고 밤에 은은한 달빛을 발산하는 반달이 두둥실 떠오르는 모습을 바라본 고대의 배달환국 민족들이 벅찬 가슴을 억누르며 그대로 그것을 땅에 그렸을 것이고 그것이 해와 달(땅), 즉 밝, 달의 상징으로 되었으며 그후 그것을 도자기 등에 새겨 넣어 밝달민족의 상징으로 발전하게 되었다고 본다.

중국학계에서는 이 문양을 최초의 동이문자로 해석하기도 하고 여러 다른 견해들도 존재한다. 하지만 3단계로 구성되어 있는 이 문양에 대한 나의 생각은 좀 다르다. 맨 위에는 태양, 가운데는 달, 또는 지구, 아래는 손에 손을 마주잡은 사람을 나태낸 것이라고 본다. 한자로 말하면 천, 지, 인을 형상화한 것이고 우리말로 하면 밝, 달, 인간을 형상화한 것이다. 즉 이 문양에는 신석기시대에 태양과 달을 숭배했던 밝달민족의 특징이 상징화 되어 나타나 있는 것이다. 이것이 발전하여 후일의 원, 방, 각이 된 것이 아니겠는가. 하늘을 나는 새가 태양숭배의 연장선상에서 환국시대 밝달민족의 토템이었다면 도기에 새겨진 이 문양은 태양과 달이 밝달민족의 상징으로 일상 생활상에 정착되었던 것을 반영하는 것이라고 하겠다.

이와 비슷한 문양은 하북성 지역에서 발굴된 청동기시대의 고조선 화폐인 도전刀錢에서도 발견된다.(사진 자료 참조) 중국학계에서는 이를 밝을명明 자로 해석하여 명도전明刀錢이라 부르고 연燕나라에서 통용되던 연나라의 화폐라고 주장하고 있고 한국의 학계에서는 그것을 무비판적으로 추종하고 있다. 연나라 화폐라면 연나라의 도전을 상징하는 문양을 새겨넣어야지 왜 해와 달을 합한 글자 밝을 명자를 새겨 놓았겠는가.

그리고 『통지通志』 식화략食貨略 전폐錢幣 조항에는 돈을 호칭할 때 "상나라 사람과 주나라 사람은 포라고 하였고 제나라 사람과 거땅 사람은 도라고 하였다.(商人周人 謂之布 齊人莒人 謂之刀)"라는 기록이 보인다. 연나라는 서주시대 소공의 후손이 세운 나라로 그들은 본래 주나라 사람이었으니 주나라의 제도를 따라서 연나라 화폐를 포라고 호칭했을 가능성이 있다. 즉 도전이 연나라 화폐라는 근거가 전혀 없는 것이다.

명도전에 새겨진 해, 달 문양은 대문구유적에서 발견된 토기에 새겨진 문양과 동일한 형태의 문양을 예술적으로 처리한 밝달문양 즉 밝달민족의 상징이었다. 이 신석기시대 토기에서 사용하기 시작한 밝달문양은 청동기 시대에 이르기까지 밝달민족을 상징하는 마크처럼 다양하게 사용되었다고 본다. 그러니까 명도전에 새겨진 해와 달은 이것이 밝달족 발조선의 돈이라는 것을 나타내기 위해 대문구 도기에 새겨진 밝달족의 상징 문양을 마크로서, 상표로서 거기에 새겨넣은 것이며 따라서 명도전은 연나라 화폐가 아니라 고조선 화폐가 분명하다고 말할 수 있는 것이다.

　　여기서 우리는 다음 두 가지 질문과 마주하게 된다. 첫째는 아시아 최초의 상징 문자가 왜 해와 달을 상징하는 밝달문양인가 하는 것이며 다음은 이 최초의 상징 문자는 과연 어디서 맨 처음 발생한 것인가 하는 점이다.

　　바이칼의 알혼섬에서 맞는 이른 아침은 거의 신비에 가깝다. 바이칼 호수를 붉게 물들이며 저멀리 동쪽에서 물결위로 치솟아 오르는 태양을 바라보고 있노라면 그 태양과 호수와 언덕이 한데 어우러져 빚어내는 신비로운 경관은 자신도 모르게 무아의 경지로 사람을 이끈다.

　　알혼섬에 살던 태고의 환국시대 사람들은 이른 아침 알혼섬 언덕 위에서 바이칼 호수 위로 붉게 떠오르는 태양과 저녁에 호수 위에 뜬 달을 바라보면서 그 찬란하고 은은한 모습을 형상화하였고 그것이 해, 달, 사람을 상징하는 문양으로 상징화되었다가 신석기시대 대문구토기에서 문양으로 나타났으며 이어서 나중에는 명도전을 비롯한 여러 생활 용구와 기구에 밝달민족을 상징하는 마크로 새겨 넣게 되었다고 본다. 즉 어떻게 보면 이는 오늘날의 상표, 브랜드와 같은 성격을 띤 것으로서 명도전에 새겨넣은 밝달 문양은 바로 이 돈이 밝달민족의 돈임을 상징하는 상표역할을 하였다고 하겠다.

아직 문자가 창조되기 이전인 배달환국시대엔 이를 우리말로는 밝달, 아사달이라 호칭하였을 터인데 나중에 문자가 창조되어 글자로 표기하면서는 밝을 명明, 아침 단旦, 아침 조朝 자 등으로 표기하였을 것으로 예상된다. 환국시대를 지나 단군시대에 이르러서는 우리말 밝달, 아사달이 한자로는 또 발發, 발조선發朝鮮 등으로 음차하여 표기되게 되었다고 본다.

산동성 대문구유적의 도기에 새겨진 밝달문양의 발원지가 바이칼 알혼섬으로 보여지는데 이곳 바이칼 알혼섬이 밝달문양의 발원지이자 밝달민족의 발상지가 되려면 그것을 입증할 수 있는 근거를 필요로 한다. 찬란한 태양과 은은한 달빛 아름다운 산언덕은 바이칼 알혼섬이 아닌 다른 곳에서도 많이 찾아볼 수 있는데 왜 군이 바이칼이 밝달민족의 발상지라고 말할 수 있는 것인가.

신석기시대 대문구유적 도기에 새겨진 최초의 밝달문양은 현재 다른 곳에서는 거의 발견되지 않는다. 전 세계에서 그러한 문양이 오늘날까지 남아서 전해지는 곳이 바로 이곳 바이칼이다. 바이칼 어디에 어떤 형태로 그것이 남아 있는가. 특이하게도 바이칼 부근의 마을 공동묘지에 가보면 이 대문구 도기에 새겨진 밝달문양을 비석을 대신하여 묘지 앞에 하나씩 매달아 놓고 있는 모습을 발견할 수가 있다. 이 지역사람들은 왜 하필이면 사자의 묘지 앞에 이러한 밝

달문양을 매달아놓은 것일까.(사진 자료 참조)

아마도 바이칼 사람들은 먼 옛날 밝달문양을 민족의 상징으로 여겨 옷에도 이 문양으로 수를 놓고 그릇에도 이 문양을 새기고 집에도 기둥이나 벽 같은데에 이러한 문양을 그려넣었을 것이다. 그러나 지금은 오랜 세월이 흐르면서 그러한 전통은 모두 사라졌지만 사자의 마지막 가는 길에 민족의 상징을 수호신처럼 사용하여 묘지에 그것이 그러한 형태로 남아 있는 것이 아닌가 여겨진다.

그러면 다시 제기되는 의문은 왜 세계의 다른 곳에서는 거의 다 사라지고 없는데 유독 이곳 바이칼에만 밝달문양이 남아 있는가 하는 것이다. 그것은 바로 이곳이 밝달문양의 발상지임을 증명해주는 유일하고도 결정적인 증거라고 본다. 바이칼이 밝달문양의 본가, 밝달민족의 종가이기 때문에 비록 지금 일상 생활속에서는 그러한 민족의 상징이 사라졌지만 인간이 이승에서의 삶을 마감하고 마지막으로 돌아가는 곳인 무덤 앞에는, 조상에서 자손으로 수호신처럼 전해지며 지켜져온 민족의 영원한 상징이 그대로 살아 있는 것이 아닌가 여겨지는 것이다.

10. 한국인을 쏙 빼닮은 바이칼의 부리야트족

세계를 여행하다보면 다양한 사람들을 만나게 되는데 그 중에는 한국인과 비슷하게 생긴 사람들도 적지 않다. 그런데 세계에서 한국인을 가장 쏙 빼닮은 사람은 바이칼호 부근에 사는 부리야트족이 아닐까 생각된다. 부리야트공화국의 수도 울란우데의 공원 벤취에 앉아서 오고가는 사람들을 쳐다보고 있노라면 그들의 얼굴생김새, 표정이 너무나 한국인과 비슷해서 이곳이 러시아 부리야트공화국이 아닌 종로 광화문 네거리 세종대왕상 앞에 와 있는 것 같은 착각을 일으킨다.

저들 부리야트족이 한국인의 원형이 아닐까. 저들이 바로 그 옛날 환국 밝족의 후예들이라고 본다. 저들이 지금은 러시아 공화국 사람으로 살아가고 있지만 그 옛날 상고시대에 밝족의 후예라는 것을 무엇을 통해서 알 수 있는가. 부리야트라는 민족명칭에서 그 흔적을 찾을 수 있다.

바이칼의 부르한 바위가 불칸 바위이고 불칸의 불은 밝을 의미하는 것처럼 부리야트의 부리는 불의 변성음이고 불은 발과 동음이며 발은 곧 밝을 나타내는 것으로서 부리라는 말속에는 밝족이라는 흔적이 남아 있는 것이다.

부여는 위로 고조선을 계승하고 아래로 고구려, 백제시대를 연 한국사의 원류이다. 그런데 부여는 불족 즉 밝족이 예수濊水 유역에 세운 나라로 불예가 부여의 원래 명칭이고 부여라는 국명은 불예가 변화된 것이며 부리야트의 부리는 부여와 동의어라고 본다. 오늘날 바이칼호부근에서 가장 가까운 지역에 부여와 동일민족으로 보여지는 부리야트족이 생활하고 있다는 것도 바이칼이 환국 밝족의 발상지라는 것을 증명하는 하나의 단서가 되기에 충분하다고 하겠다.

11. 바이칼의 게세르칸과 밝달임금

게세르Geser는 동아시아와 시베리아를 아우르는 넓은 지역에서 발견되는 영웅서사시의 제목이면서 동시에 서사시의 등장인물 이름이다. 몽골학자 담딩수렝Ts.Damdinsuren은 게세르와 관련된 서사시가 관찰되는 지역을 "갠지스강에서 바이칼 호수까지 그리고 중앙아시아에서 만주까지"라고 말했다. 그리고 유럽 민속학자 스테인R. Stain은 "히말라야 산맥에서 바이칼 호수까지 그리고 파미르 고원에서 코코노르까지" 게세르 모티브가 분포한다고 설명했다.

이들 두 학자의 설명에 따르면 고대의 영웅 게세르신화가 얼마나 광범위한 지역에 분포되어 있는지 짐작하기에 어렵지 않다. 동아시아, 중앙아시아, 서아시아를 모두 포괄하고 있다.

"몽골계 부리야트인 신화연구자 차그두로프S.Chagdurov는 게세르 이야기를 넓은 의미와 좁은 의미로 나누어 설명하기도 하였다. 넓은 의미로는 알타이의 '마아다이 카라' 칼묵의 '장가르' 티베트의 '게세르' 몽골의 '게세르' 부리야트의 '게세르신화' 혹은 '아바이 게세르' 그리고 심지어 한반도의 '단군신화'를 포괄하는 것으로 설명하였고 좁은 의미로는 티베트, 몽골, 바이칼 지역의 게세르 이야기로 한정하였다."(『바이칼의 게세르신화』, 일리야N. 마다손 채록/양민종 옮김 25-26p 참조)

이상의 기록을 통해서 본다면 외국학자에 의해서 바이칼의 게세르신화와 한민족의 단군설화를 연결시키는 관점이 제기되었다는 것을 알 수 있다. 그러나 바이칼의 게세르 신화를 한민족의 단군설화와 연결하려는 시도는 비단 최근의 외국학자에 의해서 뿐만 아니라 일찍이 1920년대 육당 최남선에 의해서 이미 있어 왔다.

육당은 『불함문화론』에서 "조선고대사의 수수께끼를 해결할 단서"로 단군신화를 언급했고, 단군신화의 해명을 위해 동아시아 고대 신화의 서사시를 비교연구해야할 필요성을 제기한 바 있다.(『바이칼의 게세르신화』, 일리야N. 마다손 채록/양민종 옮김 27p 참조)

육당이 80년전에 이미 한민족의 단군설화와 바이칼의 게세르 신화의 유사성을 인식하고 비교연구의 필요성을 제기한 것은 주목할 만하다. 다만 게세르와 단군이 구체적으로 어떻게 연결되는지 이론적인 뒷받침이 없는 것은 아쉬움으로 남는다.

육당 최남선이 조선고대사의 수수께끼를 해결할 단서로 동아시아 고대 신화의 서사시를 비교연구해야할 필요성만을 제기하고 미처 연구에 착수하지 못한 것을 안타깝게 생각하며 그 마무리 차원에서 바이칼의 게세르가 밝달민족의 역사와 어떻게 연결되는지 그 이론적인 작업을 시도해 보고자 한다.

12. 바이칼의 게세르칸과 고조선의 단군, 신라의 거서간

저멀리 시베리아의 부리야트족 서사시에 나타나는 영웅 게세르칸과 한민족 고조선의 국조 단군이 어떻게 서로 연결될 수 있는가. 단군과 게세르칸의 연결고리를 설명하기 앞서 먼저 신라의 국조 박혁거세 이야기를 하려고 한다. 왜냐하면 박혁거세의 다른 이름인 거서간은 게세르칸과 발음이 비슷하여 이해하는데 훨씬 용이 할 것이기 때문이다.

바이칼호 부근에 부리야트 공화국이 있다. 그 수도가 울란우데인데 그곳 교외에 풍수지리가 빼어난 산 하나 전체를 통째로 야외박물관으로 조성해 놓았다. 이곳 박물관에 가면 부리야트족의 지난 역사를 한눈에 볼 수 있게 여러 가지 유물들을 모아 놓았는데 초입에 우리의 단군 할아버지를 닮은 동상이 모셔져 있다. 누가 봐도 우리의 단군 할아버지를 쏙 빼닮았다.(사진 자료 참조) 그런데 부리야트족들은 단군이라 하지 않고 게세르칸이라고 부른다. 부리야트족의 게세르칸은 왜 우리의 단군 할아버지를 쏙 빼닮았는가. 우리의 단군 할아버지와는 어떤 관련이 있는 것인가. 여러 가지로 궁금증을 자아내게 한다.

부리야트 사람들은 바이칼 알혼섬의 부르한 바위를 게세르칸이 강림한 바위라고 하는데 우리는 여기서 게세르칸과 관련하여 중요한 하나의 단서 즉 힌트를 얻을 수 있다. 부르한은 우리말로는 불칸, 발칸, 밝안 이, 밝은 임금, 밝달 임금이 되는데 게세르칸은 부르한과 표현상의 발음은 다르지만 의미상에서는 동의어가 된다는 것이다.

게세르칸과 부르한은 발음상으로 볼 때 서로 확연히 다른데 이 양자가 어떻게 서로 동일한 의미를 내포한 용어가 될 수 있는가. 그에 관한 중요한 정보를 엉뚱하게도 신라 시조 박혁거세의 설화에서 얻을 수 있다.

『삼국유사』의 신라시조 혁거세왕 조항에 "혁거세왕은 향언鄕言이다. 불구내弗矩內 왕이라고도 하는데 광명이세光明理世를 말한다."라고 하였다. 이 설명에 따르면 신라의 향언鄕言인 혁거세는 '광명으로 세상을 다스리는 분'이라는 의미를 지니고 있다. 신라의 향언 즉 방언으로 말하면 혁거세, 불구내가 되는데 그 의미를 우리말로 풀어서 말하면 혁거세는 '박거시', '밝은 것이'가 되고 불구내는 '붉은 이', '밝은 이'가 되는 것이다.

신라의 방언인 혁거세왕은 현대의 우리말로 바꾸어 말하면 밝은 임금, 밝달임금의 의미가 되므로 신라의 혁거세는 고조선의 밝달임금 단군과 동일한 호칭이 된다. 그런데 바이칼 알혼섬의 부르한 바위에 내려온 게세르칸과 우리 신라의 방언 혁거세가 같은 표현이라는 것을 증명해주는 결정적인 근거가 『삼국유사』에 기록되어 있다. 인용하면 다음과 같다.

"이름은 혁거세왕이라 하고 직위 호칭은 거슬한이라 한다.(名赫居世王 位號曰居瑟邯)"

이는 혁거세는 왕의 이름이고 거슬한은 위호 즉 직위에 대한 호칭이라는 설명이다. 그러니까 박정희 대통령하면 박정희는 이름이고 대통령은 직위를 가리키는 호칭인 것처럼 혁거세는 신라 시조의 이름이고 거슬한은 오늘날의 대통령과 같은 그의 직위를 가리키는 칭호라는 것이다. 그리고 거슬한에 대해서 『삼국유사』에는 다음과 같은 설명이 덧붙여져 있다. "혹은 거서간居西干이라고도 한다. 그가 처음 입을 열었을 때 스스로 말하기를, '알지 거서간이 일어났다' 라고 말하였다. 그의 말에 따라 그렇게 호칭한 것이다. 그 이후로부터 왕의 존칭이 되었다.(或作居西干 初開口之時 自稱云 閼智居西干一起 因其言稱之 自後爲王者之尊稱)"

이 기록을 분석해보면 거슬한은 거서간과 동일한 신라의 용어이다. 혁거세의 거세와 거서간의 거서는 같은 표현인데 여기에 간이나 또는 한이라는 표현이 추가되면 왕을 호칭하는 의미로 바뀐다.

『삼국유사』의 기록에 따르면 신라시조 혁거세는 세상에 태어나서 처음 입을 열고 말을 할 때 스스로 알지거서간이라고 말했다는 것인데 알지가 무엇인지는 『삼국유사』의 김알지 탈해왕대 조항에서 "알지는 향언으로 어린아이를 지칭한다.(閼智 卽鄕言小兒之稱也)"라고 설명했다. 그러니까 혁거세가 자신을 가리켜 '알지거서간'이라고 한 말은 어린아이 밝은임금이라는 말이 되는 것이다. 그러면 거서간이라는 용어는 언제부터 사용된 것인가. 혁거세가 처음으로 사용한 말일까. 신라시대 아니 훨씬 그 이전부터 이미 사용되어 오던 용어였다고 본다. 『삼국유사』의 제2 남해왕 조항에 의거하면 다음과 같은 기록이 보인다.

"『삼국사』를 살펴보면 신라에서는 왕을 거서간이라 호칭했는데 진한의 말로는 왕을 가리킨다. 어떤 사람은 귀인을 일컫는 말이라고도 한다.(按三國史云 新羅稱王曰 居西干 辰言王也 或云 呼貴人之稱)" 혁거세가 태어나서 스스로 알지거서간이라고 말했다는 것을 보면 거서간이라는 말은 혁거세 이전에 이미 있었고 왕이나 혹은 귀인을 지칭하는 말이었는데 그들은 대개 나이가 많은 사람들이었을 것이다.

그러나 혁거세는 나이가 어린 왕자였기 때문에 스스로를 알지거서 간이라 말했던 것이라 볼 수 있다.

이 신라의 시조왕을 지칭하는 거서간은 곧 거슬한과 같은 용어인데 신라의 방언인 거슬한은 바이칼 부리야트족의 영웅을 지칭하는 말인 게세르칸과 발음이 완전히 동일하다. 혁거세는 신라시조의 이름으로 신라의 향언인데 '불구내弗矩內'와 같은 말이라고 『삼국유사』에서 말하였다. '불구내'는 오늘날 우리말로 하면 '붉은 이' '밝은 이'라는 말이 될 것이다. 『삼국유사』는 또 박혁거세의 위호位號 즉 직위의 호칭은 거슬한居瑟邯이며 거서간居西干이라고도 부른다고 하였는데 이 신라의 거슬한과 바이칼 부리야트족의 게세르칸은 발음상에서 정확히 일치하며 동일한 용어가 확실하다고 본다.

신라의 혁거세, 불구내는 신라의 방언으로서 지금 우리말로 하면 밝거시, 밝은 이가 되고 그 의미를 말하면 "광명으로 세상을 다스린다.(光明理世)"라는 뜻이다. 그러므로 바이칼의 게세르, 신라의 거슬한, 거서간, 환국과 발조선의 밝달임금, 단군은 표현은 시대마다 서로 다르지만 의미상으로 본다면 동일한 용어인 것이다. 다만 용어의 어원을 말한다면 거서간, 거슬한이 밝달임금을 가리키는 원래의 순수한 우리말이고 환인, 환웅, 단군은 뒤에 한자로 음차된 말이며 게세르칸은 바이칼의 부리야트족에게 거슬한이라는 우리의 원어가 살아있는 것이라고 하겠다.

그러니까 우리 밝달민족은 상고의 환국시대에 임금을 환웅이나 단군이라고 호칭한 것이 아니라 거서간, 거슬한, 게세르칸이라 불렀으며 문명이나 외세의 영향을 비교적 적게 받은 부리야트에 환국시대 배달시대 우리말의 원형이 그대로 살아 있는 것이 아닌가 여겨진다. 부리야트에 남아 있는 게세르칸 신화와 『삼국유사』에서 전하는 거서간, 거슬한 기록을 통해서 우리는 단군조선의 시원과 고조선의 유민이 세운 신라 박혁거세의 원류가 바로 바이칼의 환국, 배달국이라는 사실을 확인할 수 있는 것이다.

바이칼에 존재하는 게세르칸 신화는 고조선의 단군을 넘어 그 이전 환국시대 밝달임금인 환인, 환웅 설화인 것이다. 신라의 거슬한과 바이칼의 게세르칸 설화는 한국의 뿌리 한민족의 발상지가 바이칼이라는 사실을 증명하는데 매우 귀중한 근거를 제공해준다고 하겠다.

그동안 우리는 바이칼의 게세르칸 신화와 우리의 밝달임금 단군 설화의 유사점을 이야기하면서도 그것이 구체적으로 어떻게 연결되는지 그 접점을 찾기가 어려웠다. 그러나 이제 『삼국유사』의 기록을 통해서 바이칼의 게세르칸이 신라의 거서간, 거슬한과 동일한 호칭임을 알게 되었다. 또 바이칼의 게세르칸이 무엇을 의미하는 말인지 그것에 대한 정확한 인식이 부족했는데 "광명으로 세상을 다스리는 이를 지칭한다.(光明理世)"라는 게세르칸의 의미도 알게 되었다.

따라서 밝달민족의 발상지는 바이칼이고 환인, 환웅의 환국역사가 바이칼에서 시작되었으며 이것이 발해의 발조선, 부여의 부루, 신라의 박혁거세, 고구려의 동명왕으로 이어졌음을 알 수가 있는 것이다.

바이칼은 밝은 태양을 숭배하고 광명으로 세상을 다스린 밝족의 고향이다. 그래서 지금도 바이칼에는 새토템이 온전히 남아 있고 다른 곳에서는 사라진 밝달문양이 전해오고 있으며 밝은 이 밝은 임금을 뜻하는 거슬한의 이야기, 게세르칸 신화가 살아서 숨쉬고 있는 것이다.

13. 바이칼에서 뻗어나간 동북아 민족, 유라시아 인류는 모두 환국 밝족의 자손이다

광명을 숭배하는 밝달민족은 처음에 지구의 중심인 파미르의 천산 즉 밝달산 밝달봉 아래 터전을 잡고 출발한 다음 바이칼 사얀산으로 이동하여 환국 밝족의 새 역사를 열었다. 이들은 몽골 초원을 무대로 활동하다가 나누어져 한 갈래는 서북쪽으로 가서 유목을 중심으로 생활했다. 이들이 소위 말하는 훈족이다. 다른 한 갈래는 유목과 농경이 동시에 가능한 동북방의 발해유역으로 이동해가서 정착했다. 이들은 내몽골 밝산 현재의 적봉시에 이르러 찬란한 홍산문화를 꽃피웠고 발해유역에서 밝달민족의 첫 통일국가 밝조선을 세웠으며 산동반도, 요동반도, 한반도에 이르는 드넓은 지역이 그들의 주요 활동무대였다. 이들을 중국 문헌에서는 동이라고 표현하였다.

그러다가 동이족의 한 갈래가 서쪽의 중원지역으로 들어가 황하 중류의 위하유역 농경지대에 터전을 잡고 농경민족으로서의 첫 발을 내딛게 된다. 이들이 소위 말하는 황제 헌원씨를 시조로 하는 화하족이다. 동이족의 또 다른 한 갈래는 남쪽으로 이동하였다. 오늘날 베트남, 대만 등이 모두 이들의 자손들이다.

사실 아시아의 모든 인류는 밝달민족을 떠나서 생각할 수 없다. 이들이 동·서·남·북으로 갈라져 동이, 서융, 남만, 북적의 사이四 夷가 되었다. 중국 역사상에 등장하는 동이계의 부여, 고구려, 백제, 신라, 동호계의, 오환, 선비, 유연, 해, 거란, 숙신계의 읍루, 물길, 말갈, 발해, 실위, 여진, 만주, 남만계통의 어월, 견월, 민월, 남월, 낙월, 양월, 산월, 북적계통의 흉노, 돌궐, 서융계통의 진, 한, 당, 송, 명 이들은 그 뿌리로 올라가면 모두 환국 밝족에 기원을 두고 있는 것이다.

그러나 밝족의 분포지역은 아시아에만 국한되지 않는다. 서북방 에 정착한 훈족의 한 갈래가 서쪽으로 발칸반도로 건너가서 둥지를 틀었고 헝가리, 불가리아 등 유럽의 여러나라가 다 이들 훈족의 후 손들이기 때문이다. 때로는 나누어지기도 하고 또 합쳐지기도 하면 서 오늘날까지 역사를 이어가고 있는 우리 동북아 민족, 유라시아 인류는 그 원류로 거슬러 올라가면 백산과 흑수, 바이칼과 사얀산에 시원을 두고 있는 환국 밝족의 아들 딸들인 것이다.

바이칼에서 출발한 환국 밝족의 아들 딸들이 서북방으로가서 흉 노족이 되었고 동북방으로 가서 동이족이 되었으며 중원으로 가서 화하족이 되었고 남방으로 가서 월족이 되었으므로 우리 동북아 민 족, 유라시아 인류는 모두 형제요 자매인 것이다. 다만 다 같은 밝달 족의 자손이라 하더라도 환인, 환웅, 복희, 소호, 치우, 단군으로 이 어진 동이계가 밝달족의 주류이고 현재 한국이 그 동이족의 정통성 을 계승하고 있다고 하겠다.

위에서 나는 주로 문헌학적인 관점에서 밝달족의 바이칼 기원론을 살펴보았다. 그러나 서울대 최몽룡교수의 저서『한국 문화의 원류를 찾아서』(1993)에서 1만 3,000년 전 후기 구석기시대에 바이칼 호수 지역에 살던 몽골리안의 일부가 한반도로 내려왔다고 서술한 것을 본다면 바이칼 기원론은 강단의 고고학계도 인정한다는 사실을 반영한 것이다.

제5부

홍산문화는 환국의 전성기에 피어난 밝달문명의 꽃이다

1. 세계 4대문명 이론과 발해문명

우리는 나일 강변의 이집트 문명, 티그리스, 유프라테스 강 유역의 메소포타미아 문명, 인도의 인더스 강 유역의 인더스 문명, 중국 황하강 유역의 황하 문명을 세계4대 문명이라고 말한다. 그러나 이들 티그리스 강과 유프라테스 강, 인더스 강, 나일 강, 황하 강 등 큰강 유역을 문명의 탄생지로 보는 이론을 최초로 제창한 사람은 누구이며 또 그것이 어떤 과정을 통해서 출현하게 되었는지 그 내막을 아는 사람은 그리 많지 않다.

동양에서 세계 4대 문명 이론을 최초로 제창한 사람은 중국의 근대 사상가인 양계초梁啓超라고 말할 수 있다. 그가 쓴「20세기태평양가二十世紀太平洋歌」라는 글에서 이에 대한 이론적 기초를 제공하고 있기 때문이다. 양계초는 1899년 12월 30일 밤에 태평양을 건너면서「20세기태평양가」라는 제목으로 쓴 글에서 "지구상의 문명고국은 네나라가 있는데 중국, 인도, 이집트, 소아시이다.(地球上文明古國有四 中國 印度 埃及 小亞細亞是也)"라고 최초로 말하였다.

좀더 구체적으로 말하면 이 글에서 양계초는 인류의 문명이 제

1기 "하류문명河流文明 시대", 제 2기 "내해문명內海文明 시대, 제 3기 "대양문명大洋文明 시대 3개의 시대를 거쳐서 발전했다고 주장했다. 양계초가 「20세기태평양가」에서 제시한 하류문명 시대의 "4대 고문명조국古文明祖國"이 현재까지 알려진 4대 문명론의 최초의 이론인 것이다. 그러나 양계초가 주장한 이 4대 문명론은 두 가지 면에서 큰 허점이 있다. 첫째는 이 이론은 학계의 공론화를 거쳐서 확정된 것이 아니고 양계초 개인의 일시적인 발상에서 나온 이론이라는 것이다.

1899년 12월 30일 그믐날 밤에 배를 타고 태평양을 횡단하는 아시아 대륙의 청년 양계초의 뇌리는 온갖 상념에 사로잡혀 있었다. 「20세기태평양가」의 내용을 살펴보면 서두에 젊은 청년 양계초가 국가를 위해 진력했지만 뜻을 얻지못한 채 무료한 세월을 보내다가 청운의 꿈을 안고 정치 공부도 하고 관광도 할겸 세계공화정체의 나라 서구행을 결심하게 된 배경이 다음과 같이 피력되어 있다.

"일엽편주에 몸을 싫어 태평양을 건너간다. 홀연히 생각에 잠긴다. 오늘밤이 어떤 밤이며 이 땅이 어떤 땅인가. 신, 구 2세기의 경계선과 동·서 양반구의 중앙에 서 있다.(扁舟横渡太平洋 驀然忽想 今夕何夕地何地, 乃在新舊二世紀之界線, 東西兩半球之中央)" 이 말속에는 기대와 감회에 찬 당시 양계초의 벅찬 심경이 잘 묘사되어 있다. 근대적 수송기가 첫 비행을 시작한 것은 1935년 미국의 더글러스 다시 (DC)-3이고 세계적으로 여객기가 공식 취항을 하게 된 것은 1950년대 중반이다.

지금으로부터 120여 년 전이면 비행기도 취항하지 않던 시절이다. 그 때 공부를 위해서든 관광을 위해서든 동양의 청년 중에 서구를 향해 떠난 사람이 과연 몇 명이나 되었겠는가. 신세기와 구세기의 경계선에서 미지의 땅 서구를 찾아가기 위해 동양의 한 젊은 이가 일엽편주에 몸을 싣고 태평양을 항해하며 동양과 서양의 중간지점에 이르렀을 때 그 벅차오르는 감회가 어떠하였겠는가. 이러한 당시의 상황을 고려해 본다면 양계초의 「20세기태평양가」에서 언급된 내용은 다분히 즉흥적인 요소가 강하다는 것을 미루어 짐작하기에 어렵지 않은 것이다.

둘째는 「20세기태평양가」에서 양계초는 "하류문명 시대"에서 인도, 이집트, 소아세아와 함께 중국을 언급하였고 "내해문명 시대"에서 지중해, 발트해, 아라비아해와 함께 황해, 발해 주변문명을 언급하였다. 따라서 양계초는 스스로 황하문명이 중국문명을 대표한다고 직접 말한 사실이 없다는 것이다.

양계초는 하류문명시대의 문명고국에서 중국을 언급하였을뿐 '황하문명이 중국문명을 대표한다'라고 꼭 집어서 말한 사실이 없고 또 내해문명시대에서는 황해와 함께 발해문명을 아울러 언급하고 있다. 그런데 뒤에 세계 4대문명을 말할 때 중국을 황하로 대체하고 또 발해문명은 아예 배제한 채 황하문명만을 언급한 것은 현대 중국의 한족 중심주의가 빚어낸 역사왜곡이며 양계초가 「20세기태평양가」에서 언급한 본 뜻이 아니다.

더구나 최근들어 고고학의 발달과 함께 동북방 발해유역에서 황하문명보다 시기적으로 무려 2,000년 이상 앞선 홍산문화를 비롯한 여러 선진문명이 발굴되면서 중국문명을 대표하는 황하문명론은 빛이 바래게 되었다. 그래서 중국학계에서는 현재 종래에 많이 사용하던 황하문명이라는 용어를 화하문명이나 중국문명이라는 용어로 대체하는 추세를 보이고 있다.

지금까지 우리는 황하문명이 중국의 시원문명이고 다른 문명은 그 하위에 해당하는 문명으로 잘못 인식해왔다. 그러나 고고학의 발달과 함께 발해유역에서 흥륭와문화, 사해문화, 신락문화, 홍산문화 등의 발굴을 통해서 발해문명이 황하문명의 영향을 받아서 태어난 아류문명이 아니라 오히려 발해문명이 원류문명이고 황하문명은 거기서 파생된 지류문명이란 사실이 밝혀졌다.

우리 한민족은 지금 한반도를 무대로 살아가고 있지만 먼 옛날 우리 조상들의 주요 활동무대는 발해유역이었다. 발해유역의 산동반도, 요동반도가 다 우리민족의 숨결이 어린 터전이었다. 그러므로 지난날 발해문명을 창조한 주역이었던 오늘의 우리 한국인들은 중국을 대표하는 문명으로 발해문명론을 주창해야 하고 한족이 내세우는 황하문명 중심적 세계 4대 문명론을 과감히 탈피해야 한다.

이제 우리는 황하에서 중국문명이 태동했다는 한족 중심주의적 문명론에서 벗어나 역사를 주체적으로 바라보는 새로운 시각을 가져야한다. 고고학의 발달과 발해문명의 발굴을 통해 황하문명 기원론이 해체되어 가고 있는 지금 역사문화의 기원에 대한 기존의 인식을 완전히 바꿔야 할 때가 된 것이다.

지금 한국인에게는 아시아의 역사, 세계의 역사에 대한 서구나 중화문명 중심적 세계관을 일방적으로 추종하는데서 탈피하는 새로운 관점이 절대적으로 필요하다. 우리가 지난 역사에서 다가올 미래

에 대한 통찰의 예지를 얻고자 한다면, 문명의 기원에 대한 인식부
터 새롭게 재정립해야하는 것이다.

2. 발해문명은 황하문명보다 2,000년을 앞섰다

1980년대 이후 중국의 고고학계는 커다란 충격에 빠졌다. 역사상
동이족의 영역이었던 만리장성 너머 요하遼河, 대릉하大凌河 등 발해
유역에서 시기적으로 또 질과 양 면에서 중원의 황하문명을 훨씬 능
가하는 고고유물들이 무더기로 쏟아져 나왔기 때문이다. 1982년 사
해査海, 1983년 흥륭와興隆窪에서 발견한 주거 유적은 중국에서 가
장 오래된 집단 취락지로서 각각 '중화中華 제일촌', '화하華夏 제일
촌'이라고 부르고 있다.

이 취락이 조성된 시기인 8,200~7,600년 전 이곳은 화하족의 중
심지가 아니라 동이족의 근거지였다. 뿐만 아니라 출토된 유물인 빗
살무늬토기나 귀고리 등의 옥장식으로 보더라도 동이족, 특히 한반
도의 문화 유형과 동일하다.

사해, 흥륭와 문화에 뒤 이어지는 이른바 제단, 여신전, 돌무덤으
로 상징되는 홍산문화(6,500~5,000년 전)와 석성石城으로 상징되는 하
가점하층문화(4,000~3,500년 전) 등은 동이족의 고대 문화, 환국 발조
선의 문화적 특징을 선명하게 보여주고 있다.

요하, 대릉하 유역 일대에서는 지금까지 확인된 것만해도 수천
개에 달할 정도로 정체 불명의 고국古國문명 유적들이 그야말로 쏟

아져 나오고 있는데 이는 중국의 화하족의 역사와는 무관하기 때문에 한국 상고사의 환국이나 발조선이 아니면 도저히 설명이 불가능한 것이다.

황하문명은 중국 황하강 상류, 중류지역에서 발생한 문명이다. 황하강 유역의 신석기문화는 앙소문화로 대표된다. 앙소문화는 B.C 4,000년~B.C 2,000년 경이며, 칠무늬 토기를 만들어 썼다. 대표적인 곳이 황하 중류의 하남성 앙소이므로 이 문화를 앙소문화라고 한다.

주周나라 시대에 중국 문화의 중심지는 황하 유역에 있었으며, 그것은 진秦나라의 통일시대를 지나 전한前漢시대에 이르러서도 얼마 동안 같은 상태가 지속되었다. 전한의 무제(武帝 : 재위 서기전 171~서기전 87) 무렵에 철기가 거의 보급되고 비옥한 황하중류의 농경지대를 바탕으로 생산력이 증대되자 농경민족인 한족이 경제의 부강을 이용해 세력을 중원밖으로까지 확대하는 계기가 되었다. 황하문명은 한무제시대에 이르러 전성기를 맞았으며 한문화漢文化를 형성 발전시키는 초석이 되었다고 말할 수 있다.

황하문명은 신석기시대에서 출발하고 한무제시대에 이르러 비로소 전성기를 맞았지만 발해문명은 구석기시대에서 시작하고 홍산문화에서 화려한 꽃을 피웠다. 발해연안에서는 1950년대 이후 30여 곳에서 많은 구석기시대의 문화 유적과 인류 화석人類化石이 발견되었다. 발해문명의 새로운 등장은 현대 고고학의 발달이 가져다준 성과이다.

요동반도 영구현營口縣, 지금의 요녕성 대석교시大石橋市 금우산金牛山 동굴 유적, 본계시本溪市 묘후산廟後山 동굴 유적은 전기 구석기시대의 유적이다. 발해연안의 중기 구석기시대의 대표적인 유적으로는 요녕성 객좌현喀左縣 합자동 동굴 유적, 요동반도 묘후산 동굴 7, 8층 유적, 그리고 해성현海城縣 선인동仙人洞, 지금의 소고산小孤山 동굴 유적 등이 있다.

합자동 유적에서는 밑부분 4층에서 약 10만 년 전의 중기 구석기시대 유물이, 그 위 3층에서는 불탄 층이, 그 위 2층에서는 후기 구석기시대 유물이 각각 발견되었으며, 맨 위 1층에서는 신석기시대의 홍산문화, 청동기시대의 하가점하층문화, 서주, 춘추시대 유물이 각각 발견되어 한 동굴 안에서 계속 인류가 생활했던 흔적이 확인되었다. 발해연안의 후기 구석기시대 유적은 대릉하, 요하, 압록강, 송화강, 두만강(豆滿江, 圖們江) 등지에서 광범위하게 발견되었는데, 그중 6개 장소에서 인류 화석이 출토되었다.

요동반도에서는 금우산 유적(위층)과 묘후산의 동동東洞 유적에서 후기 구석기시대 유적이, 1978년에 발굴된 압록강 하구의 요녕성 동구현東溝縣 전양동前陽洞 유적에서는 후기 구석기시대의 인류 화석이 발견된 바 있는데 전양인前陽人의 연대는 1만 8,000년쯤으로 추정되고 있다.(이형구: 선문대 역사학과 교수, 고고학, [코리안 루트를 찾아세] 위클리경향 & 경향닷컴 참고)

인류는 구석기시대를 지나 신석기시대로 진입했는데 전 중국 대륙을 통틀어볼 때 발해연안에서 구석기 전기, 중기, 후기시대 유적이 집중적으로 나타난다. 이는 황하가 아니라 발해가 중국문명의 요람임을 증명하는 결정적인 단서가 된다. 문명은 하루 아침에 어느날 갑자기 창조되는 것이 아니다. 오랜 시간의 축적을 필요로 한다. 신석기 시대에 접어들어 발해유역에서 찬란한 홍산문화가 꽃필 수 있었던 것은 바로 구석기시대 문화유적의 기초위에서 가능했던 것이다.

발해연안에서 발견된 신석기시대의 문화유적은 후리문화(서기전 8,500~전 7,500), 흥륭와문화(서기전 8,200~전 7,400), 조보구문화(서기전 6,800~전 4,500), 신락문화(서기전 5,300~전 4,800), 북신문화(서기전 5,300~전 4,300), 대문구문화(서기전 4,300~전 2,500), 용산문화(서기전 4,360~전 3,950), 홍산문화(서기전 4,000~전 3,000) 등을 들 수 있다. 이 중에서 특히 홍산문화가 신석기시대 발해문명의 꽃에 해당한다.

중원에서 발굴된 황하중류의 대표적인 문화유적이자 황하문명의 상징이라 할 수 있는 앙소문화(서기전 7,000~서기전 6,000)는 발해유역의 후리문화, 흥륭와문화, 사해문화보다 짧게는 1,000년에서 길게는 2,000년이나 뒤진다. 그러므로 발해문명이 중국대륙의 원류문명이고 황하문명은 발해문명에서 갈라져나간 파생문명이다. 그동안 동북방에서 고고유적이 발굴되기 이전까지는 만리장성 너머 동북방지역은 중원 황하문명의 영향을 받아서 발전된 그 아류에 불과한 것으로 인식되어 왔다.

그러나 이제는 지하에 있는 고고유물의 발굴을 통해서 발해유역의 문명이 중국문명의 원류문명이고 황하문명은 거기서 파생되어진 지류문명에 불과하다는 사실이 만천하에 드러나게 된 것이다.

3. 요하문명 아닌 발해문명으로 호칭해야

중국에서는 1,920년대 들어서 고고학의 발달과 함께 고고유적의 발굴 범위를 만리장성 너머 동북방지역으로 확대했고 내몽골 적봉시 오한기의 흥륭와문화, 홍산문화, 요녕성 부신시의 사해문화, 신락문화 등의 찬란한 신석기문화 유적이 발굴되자 이를 묶어 요하문명이라고 명명했다. 그러나 이들 문화가 분포한 지역을 살펴보면 비단 요하에 국한 된 것이 아니고 발해만을 중심으로 동, 서, 남, 북의 여러 지역에 여기저기 산재해 있다. 그런데 이를 단순히 요하문명으로 규정하는 것은 이 문명의 범위를 지나치게 축소시키는 것이다.

중국에서는 그동안 동북방문화의 범주를 요하로 좁혀서 요하문명으로 규정하고 산동성의 내주만, 하북성의 발해만 유역 등지에서 발굴된 남장두문화, 배리강문화, 후리문화, 북신문화, 대문구문화, 용산문화, 악석문화 등을 모조리 황하문명에 포함시켜 왔다.

산동성의 북신문화, 대문구문화, 용산문화, 악석문화 등은 황하상, 중류의 중원에 위치한 앙소문화와는 내용적으로 크게 구별 된다. 그런데 이런 중원문화와 이질적인 문화를 모두 황하문명에 포함시키는 것은 옳지 않다고 본다. 그리고 황하가 상류는 발해와 멀리 떨어져 있지만 하류는 발해의 내주만으로 흘러들어간다. 그러므로 황하 하류 연안의 산동성에 위치한 신석기시대 문화유적들은 황하문명보다는 발해문명과 동일한 계열의 문명으로 묶어 주는 것이 훨씬 더 합리적이다.

그런 점에서 이형구 교수가 일찍이 발해를 중심으로 남부의 산동반도, 서부의 하북성 일대, 북부의 요녕성 지방, 북동부의 요동반 도와 동부의 길림성 중남부, 그리고 한반도를 포함해서 이 일대를 발해문명권으로 묶는 이론을 제창한 것은 탁견이 아닐 수 없다.

범발해문명을 요하문명으로 격하시키며 발해유역에서 발굴된 수 많은 선진적인 문화유적들을 모두 황하문명권에 포함시키는 중국학 계의 입장에서는 발해문명론을 제창하는 것이 달갑지 않게 느껴질 것이 뻔하다. 그러나 한국의 사학계는 이형구 교수의 이런 이론을 발벗고 나서서 적극적으로 수용하고 옹호해야하는데 식민사관이 몸 에 밴 강단사학은 배타적 태도를 견지함으로 인해서 현재 이형구 교 수의 주장이 소수자 의견으로 취급되고 있는 것은 안타까운 일이 아 닐 수 없다.

다만 필자가 이형구 교수와 견해를 달리하는 점은, 이교수는 "우 리 민족과 문화가 북방에서 온 게 아니라 발해연안에서 우리가 '발 해문명'을 창조한 주인공이다"라고 주장하여, 바이칼 민족과 발해문 명을 창조한 민족을 서로 다른 별개의 민족으로 간주하는데 반하여 필자는 북방의 바이칼을 배달환국의 발상지로 보고 발해유역을 홍 산환국과 발조선문명의 요람으로 보아, 바이칼과 발해를 하나의 민 족, 하나의 문화권으로 묶어서 이해한다는 사실이다.

발해연안은 산동반도, 요동반도, 한반도에 걸쳐 있다. 발해문명 은 발해연안을 중심으로 형성된 문화를 가리킨다. 그러므로 산동성, 산서성, 하북성, 내몽골 자치구, 요녕성, 길림성, 남북한 등을 포함한 광대한 지역에 걸쳐서 형성된 문화는 모두 발해문명에 포함된다. 요 하를 포함한 발해유역의 광범위한 지역에서 발굴된 문명은 요하문명이 아니라 발해문명이라고 호칭해야 명실이 상부한 것이다.

4. 환국 밝족이 창조한 발해문명의 꽃 홍산문화

황하유역에서는 찾아볼 수 없는 여러 가지 구석기, 신석기 시대의 고고유적이 발해유역에서 광범위하게 발굴된다는 것은 발해문명이 황하문명보다 진일보한 선진적인 문명이라는 것을 보여주는 결정적인 단서라고 할 것이다. 그런데 발해문명의 정수에 해당하는 문명, 즉 발해문명의 꽃은 홍산문화라고 말할 수 있다. 아래에서 왜 홍산문화가 발해문명의 꽃인지 홍산문화가 지닌 의미와 가치에 대해 단락을 나누어 설명하기로 한다.

1) 세계 최초의 제단, 홍산문화의 동산취東山嘴 대형 제단

제사는 고대사회에서 인간과 신이 소통하고 교감하기 위해 행해지던 활동이다. 이러한 활동은 통상 장엄한 의례, 음악과 무용, 제수용품을 통하여 이루지며 끝내 신과 인간이 상호 감응하는 경지에 도달하게 된다. 제단이란 바로 인간과 신이 만나 소통과 교감을 이루기 위해 조성된 일반 생활공간과 구별되는 특수한 공간이다.

인류의 제사제도는 언제부터 시작되었는가. 원시사회의 자연숭배에서 시작되어 차츰 조상숭배로 발전하게 되었을 것이다. 원시사회의 제사대상은 천지, 일월, 사직신, 선농신 등이었다고 본다. 아마

도 인류가 최초에는 깊은 숲속에 들어가 맨 땅 위에서 제사를 지냈
을 것이고 차츰 흙으로 제단을 쌓아 제사를 지내다가 다시 돌로 제
단을 아름답게 축조하여 제사를 거행하는 형태로 발전했을 것이다.

홍산문화의 동산취 원형제단은 세계 최초의 제단이라고 여겨진
다. 세계 최초의 하늘에 제사지내는 원형제단이 어째서 중국 동북방
의 홍산문화 유적에서 발견되었을까. 홍산문화를 일군 주역인 환국
의 밝달민족은 태양을 경외하고 하늘을 숭배하였다. 저들은 태양에
게 제사를 올리는 의식을 경건하게 거행하기 위해 하늘을 상징하는
둥근 제단을 필요로 하게 되었으며 따라서 세계 최초의 제단이 이곳
홍산인들에 의해서 조성되게 된 것이다.(사진 자료 참조)

태양숭배는 원시 인류의 중요한 종교의식 중의 하나였다. 따라
서 동서를 막론하고 태양숭배 의식은 널리 행해져 왔으며 예술과 문
학, 회화 등 다양한 방면에 걸쳐서 태양숭배가 널리 행해졌다. 그러
나 제단을 쌓고 천제를 드린 천제단 유적은 세계에서 홍산문화 동산
취 유적이 최초라고 여겨진다.

5,500년전 홍산인들이 하늘에 제사를 지내던 문화유적이 남아서
오늘에 전해지고 있다는 것은 경이로운 일이 아닐 수 없다. 아마도
제사유적은 인적이 드문 산상에 일상적인 생활공간과 멀리 떨어져
조성되어 있어서 그것이 가능했을 것으로 여겨진다. 수천년 역사가
흐르는 동안에 제단의 주인은 여러번 바뀌었을 것이다. 환국의 홍
산인에서 밝조선의 조선인으로 또 부여, 고구려, 백제, 오환, 선비,
거란, 여진인 등으로 여러 차례에 걸쳐서 주인의 교체가 이루어졌
을 것이다.

지금은 중원의 한족들이 본래 자기들의 생활터전인 황하중류의 서안, 장안을 떠나서 북쪽으로 밀고 올라와 북경을 수도로 삼는 바람에 만리장성 밖 이곳 홍산의 주인 노릇을 하고 있다. 그러나 5,500년전 세계 최초의 동산취 원형 제단을 조성한 홍산인은 중원의 한족이 아니라 환국의 밝족이었다.

5,000여년 전 신석기시대 유적인 동산취 제단유적은 중국 요녕성 조양시 건평현에 있는 여신을 모신 신전과 그리멀지 않은 요녕성 조양시 객좌현喀左縣에 위치해 있다. 제단의 소재지를 좀더 구체적으로 말하면 요녕성 조양시 객좌현 흥륭장향興隆庄鄉 장경영자촌章京營子村 동산취둔東山嘴屯에 위치해 있기 때문에 마을의 이름을 따서 동산취 유적이라 부르는 것이다.

제단 유적에서 출토된 문물을 살펴보면 도자기로 빚은 여인상의 부서진 조각과 도기로 빚은 임신한 여인상의 부서진 조각, 쌍용의 머리 모양으로 조성된 장식품 옥황玉璜, 채도彩陶로 만든 제기 등이 출토되었다. 우하량유적이 세계 최초의 신전유적이라면 동산취유적은 세계 최초의 제단유적이라고 말할 수 있는데 제단은 하늘을 상징하는 원형제단과 땅을 상징하는 방형제단으로 구성되어 있다. 원형제단에서는 천제를, 방형제단에서는 땅에 대한 제사를 지냈을 것이다.

우하량유적은 고대에 홍산문화를 일으킨 민족이 자기들 조상신을 모신 신전이라면 동산취유적은 홍산문화의 지도자와 주민들이 모여서 천신과 지신에게 제사를 지냈던 장소이다.

동산취유적은 홍산문화 후기의 대형제단 유적이다. 우하량유적과 함께 홍산문화를 대표하는 유적중의 하나이다. 특히 동산취의 원형제단은 신석기 시대에 이러한 대형 제단유적이 다른 곳에서는 어디에서도 발견된 적이 없기 때문에 중국 최초의 제단을 넘어 세계 최초의 제단유적이라 해도 과언이 아닌 것이다.

중국에서 홍산문화 이외의 다른 지역에서는 신강 위구르 자치구에서 규모가 아주 큰 제단이 발견되었다. 이 제단은 보존상태가 비교적 좋은데 고고학자의 분석에 의거하면 3,000년전에 조성된 것이라고 한다. 제단의 위치는 천산 남쪽 옛 실크로드의 중요한 통로상에 있는데 그 건조방식은 돌로 쌓았으며 홍산유적의 제천 장소와 유사한 점이 많다고 한다. 천산은 밝달민족의 첫 국가 환국의 발상지임을 감안할 때 환국의 후예들이 하늘과 태양을 제사지낼 때 사용하던 제단이 아닐까 여겨진다.

신강 위구르 자치구에 있는 제단 유적은 1,993년도에 최초로 발견되었는데 최근에 이르러 발굴작업을 진행했다. 현재 고고학자들은 이 유적을 청동기시대의 태양제단이라 추정하고 있다. 카자흐스탄과 몽골의 중간지대의 초원에 위치한 이 곳은 지리적으로 중원이 아닌 유목민족이 거주하던 지역이다. 중원에서는 이런 제단이 발견되지 않는데 북방의 초원에서 이런 태양제단이 발견되는 것은 유목민족의 태양숭배와 관련이 깊다.

중원의 한족 왕조가 천산의 위구르지역과 연관을 갖기 시작한 것은 장건 張騫이 실크로드를 개발하면서부터이고 그 이전에는 아예 교류자체가 없었다. 그렇다면 본래 흉노족의 땅이었던 이 곳 위구르지역의 원형제단은 청동기시대에 흉노족이 태양을 숭배하기 위해 제사지내던 태양제단, 즉 제천단이라고 말할 수 있겠다.

중국 북경의 천단天壇은 명, 청시대의 중국 황제가 매년 제천행사를 거행하고 오곡의 풍성한 수확을 기원하던 세계에서 규모가 가장 큰 제천단이다. 홍산 동산취의 제단과 북경의 천단이 다른 점은 북경의 천단은 홍산의 제단보다 층수가 많고 세련된 석판이 사용되었다는 것 뿐이다. 따라서 현재 세계 최대의 제천단인 북경의 명·청시대 천단은 세계 최초의 제천단인 신석기시대 환국 밝족의 홍산문화 동산취 제천단, 청동기시대 위구르 흉노족의 태양제단의 영향을 받아서 형성 발전된 것이라 볼 수 있다.

중국의 태산에 제천단이 있다. 중국의 천자들이 봉선할 때 태산에 가서 제사를 지냈다. 그러나 봉선의 역사는 신석기시대까지 올라가지 않는다. 천자가 태산에 올라가서 하늘 제사인 봉과 땅 제사인 선의 의식을 올린 것은 인류문명이 한참 진전된 뒤에 행해진 일이다.

한국의 강화도 마니산(마리산)에는 단군제천단이 있다. 그와 관련된 기록은『고려사』에 전하고 있다. 그러나 이 제천단이 고조선의 국조인 제1대 단군왕검의 제천단이라고 말하기는 어렵다. 아마도 발해에서 건국한 밝조선 세력이 쇠퇴하여 한반도로 이주한 뒤의 어떤 왕이거나 또는 남한으로 이주한 고조선의 왕자나 유민이 세운 제천단이 아닐까 생각된다.

백두산에서 9개의 대형 제단 유적이 발견된 적이 있다. 그러나 그것은 고고학자의 고증을 거친 결과 발해국시대의 유적으로 판명되었다. 백두산에서는 아직까지 고조선시대의 유적이 발굴된 사실은 없는 것으로 알려졌다.

2) 세계 최초의 신전, 홍산문화의 우하량 여신전

그리스 신화의 주요 이야기는 이미 선사시대에 만들어져 구전되어 오던 것을 토대로 호메로스나 헤시오도스 등과 같은 문학가와 역사가들이 작품으로 발전시켜 오늘날에 전해지는 것이므로 그리스신화에 등장하는 여신 가이아와 레아의 신화는 그 기원을 따지면 선사시대로까지 거슬러 올라간다.

하지만 그리스에서 아크로폴리스에 신전을 세우고 여신을 모신 역사는 지금으로부터 2,600여년 전에 불과하다. 서기전 660년경 그리스인들은 목재와 점토 대신 돌로 신전을 지었다. 최초의 신전 건축 이후 150년이 지난 뒤 그 유명한 파르테논 신전이 아크로폴리스에 건설되었다. 유네스코는 아크로폴리스가 세계문화유산의 이상을 상징한다며 이를 세계문화유산 1호로 지정했다.

파르테논 신전은 아테네의 처녀 수호신이자 지혜, 전쟁, 기술의 신인 '아테나 파르테노스'를 모시던 신전으로, 서양 문명의 뿌리가 되는 고대 그리스 문명을 상징하는 가장 중요한 유적 중의 하나이다. 유네스코의 마크가 바로 이 신전을 형상화한 것만 보더라도 이 신전이 서양사에서 얼마나 중요한 비중을 차지하는지 가늠할 수 있다.

신전 건축보다 다소 늦은 서기전 432년에 완성된 여신상 조각품은 신전 건물만큼 중요하다. 신상 안치소에 황금과 상아로 조성된 10미터 높이의 아테나 여신상이 세워졌다. 그림이 들어가는 벽면인 92개의 메토프(metope, 그중 41개만 남아 있다)에는 신화의 장면들과 아테네와 연관된 역사적 전투장면들이 그려졌다.

아테네 멸망 이후에도 아크로폴리스에 대한 사랑은 계속되었다. 로마인들에게 아크로폴리스는 그리스의 철학, 정치, 미학을 배울 수 있는 학교였고 모범이었다. 파르테논 신전은 기독교 교회, 이슬람 사원 등 다른 종교의 신전으로 사용되기도 했지만 거의 손상 없이 암흑기를 지나왔다.

그런데 1,678년 베네치아 함대가 아크로폴리스를 포위하자, 당시 아테네를 지배하던 오스만 터키가 파르테논 신전을 화약고로 사용했다. 이에 베네치아 군대가 신전에 포격을 가함으로써 건물 중심부가 파괴되어 오늘에 이르고 있다.

서구에서는 서기전 660년경 그리스인들에 의해 아크로폴리스에 최초의 신전이 세워졌지만 동양에서 신전 건축의 역사는 그보다 시기적으로 무려 3,000년을 앞선다. 1981년~1985년에 중국 요녕성 조양시 건평현 우하량牛河梁의 홍산문화 유적지에서 여신을 모시는 신전이 발굴되었는데 탄소측정 결과 지금으로부터 약 5,500여년 전의 유적으로 판명되었다. 우하량이란 특이한 지명은 망우하忙牛河의 발원지가 산의 척추 즉 산등성이 동쪽 기슭에서 발원하기 때문에 망우하의 산등성이라는 의미에서 우하량이라는 명칭이 붙게 되었다.

여신의 신전이 발굴된 조양시 건평현의 남지촌南地村에서는 1,957년에 고인류 원인화석猿人化石이 출토되었다. 인류학자의 감정을 거친 결과 지금으로부터 50,000~60,000년전 구석기시대 말기에 속하는 유물로 판명되었다. 발해연안의 북부에 위치한 조양시 건평현은 구석기시대에 이미 인류의 활동이 있었음을 보여준다.

이 홍산문화 유적지 건평현 우하량의 신전은 발굴 당시 본래의 건물은 없어지고 빈 터만 남아 있었다. 그러나 여신상은 원형이 거의 그대로 잘 보존되어 있었다. 아크로폴리스 파르테논 신전보다 시기적으로 3,000년을 앞선 조양시 건평현 우하량 신전의 여신상 유적은 인류가 역사상에 남긴 최초의 신전 유적이다.(사진 자료 참조)

그리스의 아크로폴리스 파르테논신전 유적이 아니라 우하량의 홍산문화 여신상 유적이 유네스코 세계문화유산의 1호가 되어야 마땅하다고 본다.

우하량 여신묘가 발굴되기 이전이야 당연히 파르테논신전이 유네스코 세계문화유산의 1호 자리를 차지했겠지만 우하량의 여신전이 발굴된 지금 유네스코 세계문화유산의 1호의 영예는 우하량 여신전에 내어주고 파르테논신전 유적은 유네스코 세계문화유산의 2호가 되어야하지 않겠는가.

홍산문화는 그리스 아크로폴리스에서 신전을 건축하기 무려 3,000여년 전에 이미 신전을 건축했다. 발해연안의 북쪽 요녕성 건평현과 능원시의 접경지대 우하량 홍산문화 유적지에서 출토된 황토로 빚은 동양의 여신의 두상은 서구의 여신상보다 3,000년을 앞섰다. 세계 여신의 역사를 5,500년 전으로 끌어올린 것이다.(사진 자료 참조)

홍산문화의 여신상이 발굴된 우하량은 현재 행정구역상으로 요녕성 조양시朝陽市에 속하는데 조양시는 지명에서 보는 바와같이 고대 밝달조선의 아사달 땅이었다. 「삼국유사」에 의하면 밝조선의 단군은 아사달에 도읍을 정했다고 하였는데 조양은 바로 우리말 아사달의 한자표기라고 본다. 그리고 고고학적으로 볼때는 조양은 하가

점하층문화가 발굴되는 지역인데 하가점하층문화는 밝조선, 발해조
선시대 유적으로 평가된다.

그리고 여신상이 출토된 조양시 건평현 일대는 거란족이 세운
요나라때는 대녕부大寧府 고주高州 삼한현三韓縣에 소속되었고 신라
왕족 김함보金函普의 후예가 세운 금나라때에도 역시 삼한현에 속하
였다.

이곳 우하량은 상고시대에는 환국의 터전이었고 뒤에는 밝조선의
아사달땅이 되었으며 후기에는 삼한땅으로서 우리 한국인의 조상들
의 숨결이 어려있는 한민족과 애환을 함께해 온 곳이다. 이는 세계
최초의 신전이 바로 환국 밝족 다름 아닌 우리 한민족의 조상들에
의해 건립된 사실을 우하량 여신전의 역사가 말해준다고 하겠다.

3) 세계 최초의 무덤, 홍산문화의 적석총

돌무덤(石墓)은 동이족이 죽은 사람을 매장할 때 사용하던 무덤형식
인데 적석총, 석곽묘, 석관묘, 지석묘 등으로 분류된다. 이와 같은
무덤형태는 발해연안에서 흔히 발견되는데 발해연안의 대릉하유역
홍산문화 유적지에서는 특히 적석총과 석관묘가 대표적이다.

이와 같은 돌무덤은 바이칼, 발해연안 등 고대 동이족이 활동하
던 지역에 널리 분포되어 있다. 신석기시대를 지나 청동기시대로 이
어진다. 요동반도와 한반도 일대에서는 적석총, 석관묘와 함께 고인
돌무덤(支石墓)도 유행하였다. 전북 전주에는 세계 최대의 고인돌이
있고 고창에는 447기에 달하는 많은 고인돌 무덤이 있어 세계문화

유산으로 지정되었다.

홍산문화의 적석총 유적은 산골짜기가 아닌 산등성이에 위치해 있다. 그러므로 그 지역은 시야가 사방으로 탁트여서 답답한 느낌이 없다. 당시 사람들이 풍수지리적 이론을 적용하여 일부러 명당자리를 잡아서 묘를 쓴 것은 아니겠지만 훌륭한 명당자리에 위치한 것만은 분명하다.

이 일대에는 5,000평방 미터에 달하는 광범위한 범위에 제단, 여신전과 적석총 등이 분포되어 있는데 이는 이 지역이 당시 홍산문화인들의 종교와 제사의 중심지였음을 말해준다. 적석총이 있는 지역에는 큰 묘를 중심으로 주변에 작은 묘들이 분포되어 있어 당시 사회가 이미 신분상에 차등이 있는 계급사회가 형성되어 있었음을 알 수 있다.(사진 자료 참조)

수장품들 가운데는 다른 토기는 일체 없고 단지 옥기만 있다. 이는 당시에 옥기가 생활용기로서보다는 신성한 예기나 제기로서 주로 사용되었음을 말해준다. 봉황새와 용, 곰, 거북 등 동물들을 사실적 신화적으로 형상화한 옥 장식품, 위 아래가 관통된 말발굽형태의 옥잡玉籬, 광선변화에 따라서 보이는 것 같기도 하고 안보이는 것 같기도 한 꽃 무늬를 장식한 구름모양의 구운형 옥패勾云形玉佩 이런 옥기들이 무덤안에서 발굴된 옥기의 주요 유형들이다.

구름은 하늘을 상징하고, 말을 타고 길을 떠나는 의미를 상징한다. 말발굽형태의 옥잡玉籬이나 꽃 무늬를 장식한 구름형상 옥패玉佩를 무덤에 부장한 까닭은 사자가 말을 타고 하늘나라로 올라가기를 염원하는 살아있는 자의 기대가 담긴 것이 아닐까. 그리고 용과 봉황새 곰, 거북 등은 신령함과 장수를 상징하는 토템과 관련된 동물들이다. 이를 옥으로 형상화하여 부장한 것은 사자가 그들처럼 신령하고 영생하기를 바라는 의미가 담긴 것으로 여겨진다.

그리고 특이한 것은 적석총 위에는 위 아래가 뻥뚫린 채도彩陶의 통형기筒形器가 열을 지어 세워져 있었던 점을 들수가 있는데 이러한 것들은 무덤의 주인이 신과 소통하기를 바라는 염원이 담긴 얘기가 아니었을까. 지금 5,500년전 사람들의 사자를 위한 부장품이 어떤 의미를 갖는 것인지 정확히 알 길은 없지만 그때나 지금이나 삶과 죽음에 대한 인식은 대동소이했으리라는 관점에서 본다면 이러한 추측은 충분히 가능할 수 있는 것이라고 하겠다.

맹자에 의하면 원시시대에는 사람이 죽으면 산 골짜기 같은 인적이 한적한 곳에 시신을 내다버렸는데 양심에 가책을 느낀 나머지 땅을 파고 묻는 풍습이 생겨나게 되었고 차츰 관과 곽을 써서 격식을 갖추어 장사지내는 장례문화로 발전하게 되었다고 한다. 따라서 사람이 죽으면 땅을 파서 묻고 또 돌로 무덤을 장식하는 이런 행위는 문명이 어느 정도 발달한 뒤에 행해진 일이라고 할 것이다. 내몽골 적봉 홍산문화시대는 바이칼에서 출발한 환국 밝족의 전성기에 해당한다. 아마도 그 전에는 무덤의 구조나 부장품이 정해진 제도가 없었을 것이다.

이 때 의식을 갖추어 사자를 떠나보내는 인류 최초의 장례문화가 형성되었고 무덤안에는 옥기를 부장하고 무덤밖에는 통형기를 세우고 무덤의 구조는 돌로 조성하는 적석총 형식의 장례문화가 정착 되었던 것이 아닌가 여겨진다.

적석총은 북방의 바이칼을 비롯하여 발해연안을 거쳐 한반도에 이르기까지 동이족의 활동무대가 되었던 지역에는 두루 존재한다. 바이칼의 부리야트 공화국 수도인 울란우데에도 교외에 홍산문화 유적과 똑같은 적석총 유적이 남아 있는 것을 필자가 현지를 답사하여 직접 확인할 수 있었다. 그러나 사람이 죽으면 묘지안에 옥기를 묻고 묘지밖에 통형기를 세우는 이런 격식을 갖추어서 죽은 사람을 장사 지내는 적석총문화가 정착된 곳, 다시 말하면 적석총식 장례문화의 발상지는 발해유역의 홍산문화 유적지 우하량, 동산취 일대가 아니었을까 추측한다.

동산취 적석총은 그 연대가 서기전 3,500년~3,000년쯤으로 거슬러 올라간다. 그러므로 홍산문화의 동산취 적석총 유적은 세계 최초의 적석총 유적이자 세계최초로 형식을 갖추어 장사지낸 사자의 무덤이라고 말할 수 있는 것이다.

4) 세계 최초의 용과 옥문화

발해연안의 요녕성 부신시阜新市 사해査海 유적지에서는 돌무더기를 이용해 만든 대형 용의 형상이 출현했는데 이는 8,000년전에 조성된 석룡石龍으로, 중국의 고고학자들에 의해 동아시아에서 가장 빠른 시기의 용 형상으로 판명되었다.

홍산문화 유적에서는 옥으로 만든 다양한 형태의 옥룡이 출토되었다. 중국학계에서 소위 말하는 옥저룡玉猪龍, 옥웅룡玉熊龍, 옥조룡玉鳥龍 등이 그것이다. 옥저룡은 돼지를 용으로 형상화했다는 의

미로 이렇게 호칭하는 것인데 중국의 한족 학자들이 주장하는 이론이다.(사진 자료 참조)

그러나 홍산문화시대는 문명이 이미 발달하여 다산을 상징하는 돼지를 토템으로 숭배하던 시기가 이미 지났고 또 옥기는 홍산문화 당시에는 생활용구보다는 사자의 묘지에 함께 묻어주는 예기로 주로 사용되었다. 그렇다면 이 신성한 옥으로 돼지를 조각하여 사자의 부장품으로 묻어주었다는 것은 논리상에 문제가 있다.

태호 복희씨와 소호 금천씨는 씨족시대 동이족의 지도자였다. 그런데 태호 복희씨의 토템은 용이었고 소호 금천씨의 토템은 봉황이었다. 홍산문화시대는 현도씨 치우 현왕이 소호를 계승하여 활동하던 시대이다. 그러므로 홍산문화시대에 이르러서는 태호 복희씨의 용토템과 소호 금천씨의 봉황토템이 결합되어 용봉 토템으로 나타났다.

용과 봉황을 따로따로 조각하지 않고 이 양자를 함께 아울러서 조각하다보니 그것이 돼지처럼 보인 것일뿐 실제는 돼지가 아니라 용과 봉을 결합한 용봉의 형상인 것이다. 용과 봉황을 한데 아울러 조각하였으므로 용의 모양도 아니고 봉황의 모양도 아니어서 겉으로 보기에 돼지라고 착각을 일으키는 것일뿐 실제는 용과 봉황을 창조적으로 결합한 용봉합일의 형상인 것이다. 그러므로 이는 옥저룡이 아니라 용봉옥이라 호칭해야 한다고 나는 생각한다.

발해의 대릉하유역 홍산문화 지역에서 출발한 옥룡은 서남쪽으로 향하여 은나라에 크게 영향을 끼쳤고 그 유물이 은허殷墟에서 발굴되었다. 중원으로 내려가서 한족의 용문화 형성에 중요한 요소로 작용했고 동남쪽 방향으로 내려가 만주 지방과 한반도에 이르렀다.

한반도의 돌무덤에서 '곡옥曲玉'이 출토되었고 일본에서도 구주 지방과 관서 지방 등에서 곡옥이 출토되고 있다. 한국과 일본에서 출토되는 곡옥은 대릉하 유역의 돌무덤에서 출토된 홍산문화의 옥룡과 동일한 형태이다. 한국과 일본, 내몽골 홍산문화 지역에서 출토되는 옥기들이 다 같은 옥으로 만든 용인데 하나는 옥룡이라 하고 하나는 곡옥이라 하여 표현상에서 차이가 있을뿐 사실은 다 같은 용 모양의 옥인 것이다.

중국 요녕성 부신시의 사해 유적에서는 신석기시대의 옥결玉玦 즉 옥 귀걸이가 발견되었다. 한국에서는 강원도 고성군 죽왕면 문암리文岩里 유적에서 신석기시대의 옥결 한 쌍이 출토되었고 경북 청도군 사촌리沙村里 유적에서는 청동기시대의 옥결 1점이 반파된 상태로 출토된 바 있다.

옥결은 중국의 동남 연안 지구, 연해주, 일본 등지에서 광범위하게 발굴되는데 발해연안에서 출토된 옥결이 시기적으로 가장 빠른 것으로 인정되고 있다. 신석기시대 발해연안 홍산의 옥문화는 서기 전 6,000년경으로 거슬러 올라간다.

또한 중국 요녕성 부신시 사해, 내몽골의 흥륭와興隆窪, 적봉시 홍산紅山, 요녕성 심양시 신락新樂, 요동반도 남단의 광록도廣錄島 소주산小珠山 하층문화, 압록강 하류의 후와문화 유적지에서는 옥결과 함께 빗살무늬토기가 출토되었다. 옥기문화는 빗살무늬토기 문화와 함께 발해연안의 대표적인 문화 유형이다.

용은 중국 한족문화의 상징으로 알려져 왔으며 한족들의 생활문화속에 깊숙이 침투되어 있다. 그러나 최근들어 만리장성 북쪽 홍산문화 유적지에서 중원의 용보다 시기적으로 무려 2,000년이나 앞선 용이 발굴되면서 용의 기원은 중원이 아니라 발해유역이라는 인식이 자리잡게 되었다.

　용문화와 옥문화의 발상지는 황하문명의 발원지 중원이 아니라 환국 밝족의 밝달문명이 꽃을 피운 내몽골 적봉시의 홍산이다. 세계 최초의 석룡도 세계 최초의 옥결도 홍산문화 유적지에서 발굴되었다. 중원의 한족이 용과 옥문화의 계승자라면 동북방의 동이민족은 용과 옥문화의 창조자라고 말할 수 있는 것이다.

5) 세계 최초의 문자, 소하연의 부호문자

(1) 문자의 기원 도화문자

문자의 원류는 그림이다. 이라크의 이난나 신전에서는 진흙판이 발견되었는데 이 진흙판 위에는 숫자의 기호와 물체의 그림, 가령 동물의 머리, 새, 물고기, 식물, 가정에서 사용하는 생활가구, 인체의 기관 등을 그린 그림이 새겨져 있다.

　경북 울산 반구대 암각화는 호랑이, 사슴, 멧돼지 등 들짐승과 고래, 돌고래, 물개, 거북이 등 바다 동물과 배를 탄 어부 등 여러 형태의 그림이 자연암 벽면에 새겨져 있다. 이라크 신전의 진흙판 위에 새겨진 그림이나 반구대 자연암 벽면에 새겨진 암각화나 인간의 감정을 물체의 형상을 빌어 전달한 것으로서 이러한 그림은 문자가 출현하기 이전의 기록의 의미를 지닌다고 말할 수 있다.

이를 통해서 본다면 동양이나 서양을 물론하고 문자는 그림으로부터 기원하여 차츰 발전해왔다는 것을 미루어 짐작할 수 있다. 그림이 문자의 원류라는 점에 있어서는 동양과 서양이 차이가 없는 것이다.

(2) 초기의 문자 3종

현재 세계 최초의 문자로 여겨지는 문자는 3종류가 있다. 설형문자楔形文字, 상형문자象形文字, 갑골문자甲骨文가 그것이다. 유프라테스강과 티그리스강은 모두 아시아 서부에서 발원한다. 서기전 4,000년 전후에 이곳 강가에서 최초로 삶을 영위한 사람은 수메르인이었다. 그들은 여기에 거주하면서 찬란한 수메르문명을 창조했는데 이 문명을 반영하는 최고의 특징은 그들이 창조한 수메르 문자이다.

수메르인들은 약 서기전 3,000년경 전후에 수메르문자를 창조했는데 그것이 소위말하는 설형문자이다. 저들은 진흙판 위에다 글자를 새겼는데 그 모양이 쐐기같다고 해서 쐐기문자라 부른다. 수메르인들은 이 글자를 새긴 진흙판을 장기적으로 보존하기 위해 햇볕에 말린 뒤에 다시 불에 구웠다. 이렇게 불에 구워서 만든 진흙판 문서는 벌레가 먹을 염려나 또는 부패할 염려가 전혀 없었다.

다만 한가지 결함은 진흙판은 무게가 매우 많이 나가서 한 개의 무게가 약 1천킬로그램이나 된다는 것이다. 그러므로 하나의 진흙판을 볼때마다 이 무거운 진흙판을 운반하는데 엄청난 노력이 수반된다는 단점이 있다. 현재 발굴된 진흙판은 모두 100만개 가까이 되는데 가장 큰 것은 길이가 2미터 70센치미터, 넓이는 1미터 95센치

미터에 달한다.

지금으로부터 5,000여년 전에 옛 이집트에서 상형문자가 출현하였다. 상형문자는 일반적으로 필획을 이용하여 표달하려고하는 물체의 외형적 특징을 구체적으로 그려낸다. 그러므로 고대 이집트의 상형문자는 그 구조가 매우 복잡하여 옛 이집트의 멸망과 함께 이 문자도 점차 사문자로 변하여 완전히 사람들로부터 잊혀지게 되었다.

중국에서 최초의 문자는 갑골문으로 알려져 있다. 갑골문은 주요하게 하남성 안양시 은허殷墟에서 발굴되었는데 지금까지 발굴된 문자가 새겨진 갑골조각은 대략 15만 4,000개에 달한다. 갑골문은 설형문자, 상형문자와 함께 모두 표의문자에 속한다. 갑골문의 서사방법은 담벽이나 목기, 석기 등에 칼로 새기거나 붉은 색이나 검은 색으로 쓴 경우도 있지만 일반적으로 거북의 뼈나 소의 견갑골을 재료로 하여 칼로 새기는 방식이 주류를 이루었다.

은대의 갑골문은 주나라시대의 금문金文, 춘추전국시대의 대전大篆, 진시황시대의 소전小篆, 한나라시대의 예서隸書로 발전했는데 한대 이후 갑골문은 차츰 사람들의 관심에서 멀어지게 되었다. 청나라 때에 이르러서는 갑골이 용골龍骨이라는 이름으로 약재상들에 의해 약재로 팔려나가는 꼴이 되었다. 그러다가 1,899년에 이르러 우연한 기회에 용골이 금석학자 왕의영王懿榮의 눈에 띄어 고증을 거쳐 갑골문이 발견되게 되었다.

이때 만일 왕의영에 의해 발견되지 않고 모두 한약재로 팔려나가 약탕기안에서 녹아버렸더라면 오늘날 갑골문의 진상을 파악하기 어려웠을 가능성도 있다. 생각만해도 아찔한 일이 아닐 수 없다.

갑골문은 이집트의 상형문자와 달리 단순히 상형문자에 그치지 않고 상형象形, 회의會意, 형성形聲, 가차假借를 주요한 조자 방법으로 삼았다. 은나라의 갑골문은 상형자를 기초로 하지만 회의자, 형성자, 가차자를 포함하고 있다. 한자의 원류가 되는 은나라 시대의 갑골문은 상당히 성숙한 문자로서 오늘날 사용하는 한자의 기본형식을 그때 이미 구비하고 있었다고 말할 수 있다.(사진 자료 참조)

(3) 세계 최초의 문자인 홍산문화의 소하연小河沿 부호문자

현재 세계적으로 공인된 최초의 문자는 고대의 중동中東 지역에서 출현한 설형문자이다. 설형문자는 5,000년전에 메소포타미아유역에서 생활하던 수메르인에 의해 창조되었다. 갑골문은 3,000년전에 비로소 창조되었으므로 문자 창조의 역사가 동양이 서구보다 2,000년이나 뒤지는 셈이 된다. 그러나 최근에 홍산문화의 소하연小河沿 문화유적에서 5,000년전의 문자부호가 발굴되면서 갑골문이 동양의 첫 문자가 아니라 소하연의 부호문자가 동아시아 문자의 기원이라는 사실이 알려지게 되었다.

고대 사회에서 그림보다 비교적 진전된 전달 수단으로 인간이 사물을 기억할 수 있도록 하는 일종의 원시문자가 부호문자이다. 이 부호문자는 발해연안 북부 서요하 유역의 석붕산 유적에서 처음 발견되었다. 소하연문화 시기(서기전 3,000년~ 2,000년)의 토기에 새겨진 12개의 부호와 원통형 단지의 벽면에 그려진 7개의 부호가 확인되었다.

지난 세기 60년대 초반에 서안의 반파유적에서 비교적 많은 부호가 새겨져 있는 앙소문화의 채색 도기들이 출토되었다. 이는 중국의 초기 문자와 역사의 기원을 찾는데 있어서 사람들의 관심을 신석기시대 도기에 새겨진 부호에 돌리는 계기를 마련해주었다.

반파유적에 이어서 또 마가요馬家窯, 양저良渚, 대문구大汶口 등 신석기시대 문화의 도기상에서도 전후에 걸쳐 각기 모양이 다른 부호와 도화부호가 속속 발견되었다. 중국 고문자학의 대가인 곽말약은 도기에 새겨진 도화부호를 원시문자의 기원으로 보고 다음과 같이 말했다. "채도상에 새겨진 부호들은 중국문자의 기원이거나 또는 중국 원시문자의 남아 있는 흔적이라 말할 수 있다."

원시문자의 기원인 도화부호와 관련하여 가장 주목을 끄는 것은 소하연문화의 도화문자 부호이다. 내몽골 적봉시 옹우특기翁牛特旗 해방영자진解放營子鎭 대남구촌大南溝村에 석붕산石棚山이 있다. 1,977년 석붕산에 있는 홍산문화 소하연小河沿 유형 문화유적 가운데서 문자부호가 새겨진 많은 도기들이 출토되었는데 관련 기관의 검증결과 이 소하연문화의 문자부호가 중국에서 가장 원시적인 최초의 문자부호로 판명되었다.(사진 자료 참조)

소하연문화의 도기상에서 발견된 원시적인 문자부호는 모두 12개가 있는데 반파문화 도화부호나 대문구문화 도화부호의 구조와 비교해 볼 때 보다 선진적인 것이다. 이는 소하연문화를 일으킨 주역들이 문자의 창조를 위해 특히 많은 공헌을 하였으며 동시에 소하연문화가 중원의 반파문화나 산동성의 대문구문화보다도 문명적인 역사단계에 더욱 먼저 진입했음을 암시하는 것이기도 하다.

소하연문화는 문자 뿐만 아니라 각종 생산 공구에 있어서도 크게 진전되고 세련된 모습을 보여준다. 한가지 예를 들면 소하연문화 시기의 사람들은 방직기술에 있어서도 이미 상당히 높은 수준에 도달하였다. 그 수준이 어느 정도인가하면 1밀리미터의 네모난 방직물 가운데는 가로 세로로 된 가닥이 6~8개가 있어서 현재의 마대포麻袋布보다도 더욱 정교한 양상을 띄고 있다.

당시에 중원의 반파문화나 산동성의 대문구문화보다도 문화적으로 한발 앞선 선진적인 문화의 단계에 진입했던 소하연문화는 적봉시 오한기敖漢旗 소하연향(현재는 사도만자진四道灣子鎭)에서 출토된 문화유적으로서 홍산문화 소하연 유형이라고 지칭한다.

소하연문화는 1,974년 처음 발굴되었는데 학계에서는 서기전 3,000년 전후에 이룩된 문화로 보고 있다. 시기적으로 홍산문화보다는 조금 늦고 하가점문화보다는 약간 빠르기 때문에 홍산문화와 하가점문화의 중간단계라고 말할 수 있다. 소하연문화의 중심구역은 노합하老哈河 유역에 있다. 소하연문화의 분포범위를 살펴보면 홍산문화와 대체로 서로 동일하다. 많은 학자들은 소하연문화는 홍산문화를 통해서 발전해온 홍산문화계통의 문화라고 인식한다.

지금까지 발굴된 유적을 살펴보면 옹우특기의 대남구 석붕산, 임서현林西縣 과장자산鍋撑子山, 오한기敖漢旗의 석양石羊, 석호산石虎山 묘지墓地와 삼도만자三道灣子, 사릉산四棱山, 객자심기喀喇沁旗 누자점서산屢子店西山, 적봉시赤峰市의 삼좌점三座店, 원보산구元寶山區 사합촌四合村, 요녕성 조양시朝陽市 등에 소하연문화에 속하는 유적들이 분포되어 있다.

소하연문화에서 가장 두드러진 특징은 도기상에 나타는 문자부호가 앙소문화, 용산문화, 마가요문화, 양저문화 도기상에서 발견되는 고립적인 도화부호와 다르고 대문구문화 도기상의 도화문자 부호와도 같지 않다는 점이다. 소하연문화의 문자부호는 다른 유적의 문자부호와 비교할때 보다 진전된 양상을 보이고 있는데, 전문가들은 소하연 도화문자 부호도 다른 도화 부호와 유사한 점은 있지만 상형문자의 기본틀을 갖추고 있다는 것을 특징으로 꼽는다.

문자는 하루아침에 창조된 것이 아니라 도화부호가 차츰 변화 발전을 거듭해서 오늘날의 상형문자로 되었다. 그러므로 그림부호와 문자사이에는 불가분의 관계가 있다. 전문가들은 소하연문화의 도화부호는 여러 가지 새로운 특징이 있는데 어떤 것은 갑골문자와 유사한 점이 보이기도 한다고 말한다.

소하연문화의 도기상에 나타나는 그림 부호를 살펴보면 문자부호의 수량이 적지 않고 형체도 단순하지 않고 비교적 복잡하다. 간단한 민족의 상징이나 토템의 표지 차원을 넘어서 어떤 사건에 대한 기록이나 제사와 관련된 문자도 나타나고 있는 것이다.

가령 석붕산 묘지 52호 묘에서 출토된 통형관에는 관 전체에 7개의 도화부호가 조각되어 있는데 이 7개의 도화부호가 하나의 도기상에 새겨져 있고 이들 사이에는 서로 내재적으로 연계되어 있다. 따라서 이것은 단순한 그림이 아니라 어떤 의사를 표현하기 위한 하나의 완전한 체계를 갖춘 도화부호라고 말할 수 있다.

이 도화부호는 언어를 표달하려는 기능을 갖추고 있으므로 소하연문화의 도기상에 새겨진 도화부호는 최초의 상형문자이자 갑골문자 이전의 원시문자이며 현재 사용하는 한자의 원류라고 말할 수 있는 것이다. 이 7개의 도화부호에 대하여 여러 가지 해석이 구구한데 그 가운데는 날으는 새와 비슷한 부호가 있다. 이는 소하연문화 시기의 백성들이 새를 숭배한 새토템을 가지고 있었던 것과 관련이 있는 것으로 여겨진다. 또한 은상문화는 중국북방에서 기원했고 현조玄鳥를 토템으로 했다. 따라서 이는 은상문화가 홍산문화의 소하연문화 계통과 밀접한 관계가 있다는 것을 보여주는 반증이기도 하다.

소하연문화 유적인 내몽골 적봉시 옹우특기翁牛特旗 해방영자진解放營子鎭 대남구촌大南溝村 석붕산石棚山의 원시 도기문자는 하가점하층문화 단계 즉 고조선시대를 거쳐 뒤에 상나라의 조상을 따라 남쪽으로 이동하였고 근 1,000년간의 진화를 거친 다음 상나라시대의 갑골문과 주나라 시대의 금문으로 발전하였다고 보여진다. 여기에 근거하여 분석하면 석붕산의 도기에 새겨진 부호문자의 출토는 동아시아 문자 탄생의 새로운 연구를 위해 지극히 중요한 의미를 갖는다고 하겠다.

상고시대 문자의 발전궤적을 살펴보면 도문陶紋, 갑골문, 금문순으로 발전했으며 발해만 서요하 홍산문화 유역 석붕산의 도기에 새겨진 부호문자가 오늘날 한자의 원류라는 사실을 알게 되는 것이다.

옹우특기 경내에는 홍산문화유적이 광범위 하게 분포되어 있다. 그 중에는 소하연유형에 속하는 것이 매우 많고 여기서 출토된 도기들 가운데 문자부호가 새겨진 것들이 적지 않다. 옹우특기는 중원 제1 봉황이 발굴된 곳이라는 점에서 소하연의 도화문자는 동이족 중의 조이족鳥夷族이 남긴 문자일 가능성이 매우 높다. 시간적으로 볼 때 소하연문화의 도화부호 문자 출현시기는 문헌상에서 말하는 창힐이 글자를 창조했다는 기간과 대체로 서로 비슷한 시기라는 점도 주목할만 하다.

홍산문화 만기에 출토된 동산취 제단, 우하량 여신전, 적석총, 그리고 하가점하층문화의 석성, 청동예기의 발굴과 소하연문화의 도화부호 문자의 출현 등을 연계해서 고려해볼 때 발해유역의 서요하, 대능하, 노합하 일대 홍산문화가 꽃을 피운 지역이 아시아 문명의 최초의 발상지라고 추론하는 것은 합리적인 판단이 아닐까 여겨진다.

소하연문화의 도기상에 나타나는 부호는 상나라시대의 갑골문과 연원관계가 있는 문자부호가 확실한 것으로 결론이 나 있는 만큼 현재까지는 홍산문화 소하연문화유형의 도화문자 부호가 동아시아 최초의 문자라고 말할 수 있다. 한자는 홍산문화 소하연의 도화문자에서 상대의 갑골문자, 다시 주대의 금문, 한대의 한자로 발전해 왔다.

한자는 지난 5,000년동안 아시아 인류의 역사와 문화를 기록하는 일을 충실히 담당하며 위대한 공헌을 해왔다. 그런데 이 한자의 원류는 중원이 아니라 만리장성너머 홍산문화유형의 소하연 도화문자이고 이 문자를 창조한 주역은 중원의 한족이 아니라 동방의 동이족 특히 새를 토템으로 삼았던 조이족이었다는 사실이 소하연 도화부호 문자를 통해서 증명된다고 하겠다.

발해문명으로 상징되는 하가점하층문화, 소하연문화, 홍산문화는 환국 밝족 특히 조이 밝족이 창조한 빛나는 인류의 문화유산이다. 우리 한국인은 밝족의 후손으로서 뿌리를 거슬러 올라가면 새를 토템으로 했던 조이 밝족에 근원을 두고 있다. 고구려의 삼족오, 신라 금관의 새깃털 장식, 백제 금동향로의 봉황새 등은 우리의 토템이 곰이 아니라 새였다는 것을 실증해준다.

지금으로부터 5,000년전 내몽골 적봉시 소하연 지역에 살던 조이족들이 최초로 문자의 형식인 도화문자를 창조해서 도기에 새겨넣어 문자생활을 시작했고 그후 1,000년 세월이 흐르면서 변화발전을 거듭하여 상대에 이르러 갑골문자가 탄생했으며 이 갑골문자가 한나라 시대에 이르러 다시 변화발전하여 오늘의 한자가 된 것이다.

그러므로 지금 우리가 사용하는 한자가 한민족의 글자라고 말하는 것은 어폐가 있지만 그렇다고 한자를 중국 한족의 글자라고 말하는 것도 역시 어폐가 있다. 한자는 발해문명의 주역인 홍산의 동이족들에 의해 창조되었고 황하문명의 주역인 중원의 한족들이 발전시켰다고 말하는 것이 가장 정확한 표현이다.

엄격하게 말한다면 오늘의 한자는 동이족과 한족의 합작품이다. 한자는 발생의 차원에서 보면 동이족의 문자이고 발전의 과정에서 보면 한족의 글자이므로 한자라고 하기보다는 이한夷漢문자라고 말하는 것이 비교적 공정한 표현이 될것이다.

다만 영어는 지금 세계의 인류가 공통적으로 사용하는 공용어이다. 현재 영어권에서 가장 대표적인 국가는 미국이지만 영어를 미국어라고 하지 않는다. 발상지가 영국이기 때문이다. 이런 차원에서 본다면 한자의 원류는 홍산이므로 홍산문자라고 하는 것이 사리에 맞다. 아니면 홍산문화는 환국의 밝족이 전성기를 구가할 때 만들어진 문화이므로 환자 또는 밝자라고 하는 것이 더 적합한 표현이 될 것이다.

동이족과 한족이 공동으로 창조 발전시킨 문자를 중국의 한족들이 일방적으로 자신들 위주로 한자라고 부르는 것은 명실이 상부하지 않다. 홍산문화는 환국의 전성기에 이룩한 발해문명, 밝달문명의 꽃이다. 홍산문화의 소하연 부호문자는 문자의 창조자가 한족이 아니라 동이족 특히 조이족임을 고고학적으로 증명하는 이상 우리 한국인은 지금부터라도 주체성을 발휘하여 중국의 한자를 환국의 환자로 바꾸어 호칭하는 것도 나쁘지 않다고 하겠다.

　　현재의 한자가 유방이 건국한 한나라의 한자라고 한다면 한나라가 생기기이전 진시황시대의 문자는 진자라 해야하고 은, 주시대는 각각 은자, 주자로 호칭해야한다. 그렇게 따지면 문자의 호칭이 얼마나 복잡하고 다양하게 되겠는가. 그러므로 최초의 개발자의 명칭을 부치는 것이 가장 합리적인 방법이 되는 것이다.

　　고고학에서 어떤 문화가 발굴되었을 때 최초에 발굴된 지역의 이름을 붙인다. 홍산문화가 발해유역에 광범위하게 분포되어 있지만 최초에 발굴된 지역이 홍산이므로 홍산문화라고 호칭한다. 마찬가지로 황하 상·중류에 황하문명을 상징하는 앙소문화가 널리 분포하지만 이 문화가 최초로 발굴된 지역이 앙소이므로 앙소문화라고 지칭한다.

　　현대사회에서도 마찬가지이다. 법안은 최초의 법안 발의자의 명칭을, 약명은 최초의 연구자 이름을, 산이름은 최초의 발견자의 이름을 붙인다. 이런 사례를 적용한다면 한자의 최초의 창조자는 환국의 밝족이므로 환자라 하는 것이 좋겠고 홍산문화 소하연 유형에서 발견되었으니 홍산문자라 해도 나쁠 것이 없는 것이다.

발해문명은 상고시대 동아시아 문명을 대표하는 문명이고 홍산문화는 발해문명의 꽃 즉 가장 핵심적인 문화요소이다. 우리 한국인은 홍산문화를 일군 환국 밝족 즉 조이 밝족의 자손이다. 발해유역 홍산에서 환국의 밝달민족에 의해 최초의 문명국가, 최초의 문명도시, 최초의 부호문자가 형성되어 동아시아가 찬란한 문명의 꽃을 피웠다. 환국의 밝달민족이 홍산문화시대에 창조한 문자의 명칭을 환자 또는 밝자로 바꾸는 것이야말로 환국의 역사를 되찾는 중요한 선결조건 중의 하나요 환국의 문화를 바로 세우는 작업의 첫 걸음이 될 것이라 여긴다.

바이칼과 발해를 무대로 천하를 호령하던 위대한 환국 밝족의 후예인 한국인들이여, 이제 긴 잠에서 깨어나야 한다. 손바닥만한 한반도 안에서 우리끼리 서로 등이 터지게 싸울게 아니라 고개를 돌려 찬란한 역사를 뒤돌아보고 머리를 들어 미래의 아시아와 세계를 응시해야한다.

"배달국倍達國의 녹도문자鹿圖文字는 신지神誌 혁덕赫德이 세계 최초로 창제했고 그 후 고조선의 가림토加臨土 문자가 개발되었으며 중국의 창힐蒼頡은 배달국의 자부선인으로부터 녹도문자鹿圖文字를 배워 이를 계승 발전시켜 창힐문자를 창안했고 널리 보급시켜 중국에 최초로 문자가 생기게 되었다."라는 내용이 『환단고기』에 실려 있다.

『환단고기』의 내용은 녹도문자라는 문자의 명칭, 또 창힐을 통해서 중국에 전해지게 된 배경 등 문자의 창제와 계승과정이 보다 구체적이라는 특징이 있다. 지금 이것의 사실여부를 확인할 길은 없다. 그러나 소하연의 도화문자가 『환단고기』에서는 녹도문자로 표현되었을 수 있다. 그리고 홍산문자가 창조되어 은허의 갑골문자로 발전하고 이것이 중원으로 전해져 한자의 원류가 된 점을 감안한다면 『환단고기』의 주장도 큰 틀에서 볼 때 상당부분 참고할 가치는 있다고 하겠다.

6) 세계 최초의 석성, 하가점하층문화 유형 오련성五連城 유적

고대사회에서 정치, 경제, 문화의 중심지가 형성되면 그곳을 수호하고 방어하는 기능을 수행하도록 하기 위해 사방 주위에 담장을 쌓았는데 그것을 가리켜서 성이라고 하였다. 그러니까 성은 성장城墻의 줄인 말이라고 하겠다. 통상 성장의 내부를 가리켜 성이라하고 외부를 가리켜 곽이라고 하였는데 성은 고대에 또한 국가라는 뜻도 담겨 있었다.

동양에서 성城자가 문헌상에 최초로 나타나는 것은 전국시대로부터이다. 이는 전국시대에 이르러 성읍에 성장을 쌓는 것이 보편화되었다는 것을 반증하는 것이라고 볼 수 있다. 『회남자淮南子』의 원도훈原道訓에 의하면 "하나라의 곤(夏鯀)이 삼인三仞의 높은 성을 쌓았다는 설과 함께 황제黃帝가 최초로 성읍을 세워서 거주했다는 설이 있다고 하였다.(夏鯀作三仞之城 一曰黃帝始立城邑以居)" 사마천 『사기』 진시황본기에는 "진시황제가 만리장성을 쌓았다(帝築万里長城)"라는 기록이 있다.

그런데 성城자를 분석해보면 흙토변에 이룰성 자로 구성되어 있다. 여기서 흙토土 자는 의미를, 이룰성成 자는 음을 나타내는 것으로서 성城자는 6서법에 비추어 볼 때 회의會意 자에 해당한다. 성장을 가리키는 성자가 흙토변에 이룰성자로 구성된 것을 본다면 최초의 성은 흙으로 담장을 쌓았던 것임을 알 수 있다. 그러면 흙이 아닌 돌을 사용하여 성을 쌓기 시작한 것은 언제 어디서부터일까. 인류는 청동기시대에 이르러 비로소 흙이 아닌 돌로 성을 쌓기 시작했다고 여겨지는데 그 최초의 석성石城이 바로 하가점하층 오련성五連城 유적이라고 본다.

오련성의 유적은 요녕성 조양시 건평현 동부 라복구羅福溝 부근의 산위에 위치하고 있다. 청동기시대 하가점하층문화 유형 유적에 속한다. 후산성后山城, 북산성北山城, 서성西城, 노사분성老四墳城, 모두산성帽頭山城 5개산성을 연결해서 조성되었다. 5개성을 연결했다고 해서 오련성이란 이름이 붙은 것이다.

오련성의 성과 성의 거리는 매우 가깝다. 서성이 산언덕에 건립된 것을 제외하고는 그 나머지 성들은 모두 산 정상이나 또는 산등성이 위에 건립되었다. 서성이 가장 크고 장방형으로 축조되었는데 동서의 길이는 약 150미터이고 남북의 넓이는 약 120미터이며 면적은 18,000평방미터에 달한다.

후산성과 북산성이 규모가 가장 작다. 면적은 약 6,000평방미터이다. 이 성들의 성장은 모두가 석축으로 조성되어 있는데 서성과 노사분성의 성장이 가장 상태가 양호한 편이다. 위의 높이는 3~5미터이고 밑부분의 넓이는 8~12미터이다. 이 오련성은 홍산환국시대의 유적이 아니라 청동기시대 하가점하층문화 유형에 속하는 유적이다. 전 중국에서 청동기시대에 다른 지역에서는 지금까지 돌로 쌓은 석성이 발굴된 사실이 없다. 그러므로 요녕성 조양시 건평현 동쪽의 오련성은 세계최초의 돌로 쌓은 석성이라 말할 수 있는데 하가점하층문화는 밝조선시대의 밝달민족이 남긴 유적이라는 것은 널리 알려진 사실이다.

다만 우리가 여기서 주목할 것은 밝조선시대에 흙으로 성을 쌓는 것에서 한 걸음 진전된 형태인 돌로 방어시설을 만드는 세계 최초의 석성이 조성되었다면 그 이전에 이미 이곳에서 흙으로 성을 축조하고 생활한 국가가 있었을 것인데 그 국가가 바로 홍산환국이었다고 말할 수 있는 것이다. 그런 점에서 발해문명의 꽃인 홍산문화가 밝조선의 전신인 환국에 의해서 꽃피워졌던 사실은 하가점하층문화의 석성을 통해서도 간접적으로 증명이 된다고 하겠다.(사진 자료 참조)

5. 내몽골 적봉시의 홍산문화는 환국의 전성기에 피어난 밝달문명의 꽃이다

적봉시赤峰市는 내몽골 자치구의 동남부에 위치한 직할시이다. 홍산문화의 우하량유적은 적봉시 중심에서 북쪽으로 약 150km 지점에 위치해 있다. 면적이 9만km에 달하는 적봉시에는 시 정부가 있는 홍산구를 비롯해 오한기, 파림좌기巴林左旗, 파림우기巴林右旗 등 12개의 구, 현, 시로 구성돼 있다. 요하지역 일대에서 1,000여곳 이상의 고대 유적지가 발굴됐는데 그중에 700여곳 이상이 적봉시에 밀

집되어 있는 것을 본다면 적봉이 홍산문화의 중심지역임을 짐작하기에 어렵지 않다.

적봉시 홍산구 시가지에 거대한 바위산인 홍산紅山이 있는데 원래 몽골인들은 붉은 바위라는 뜻으로 '울란하다'라 불렀으며 중국에 편입된 이후 홍산으로 명칭이 바뀌었다고 한다. 홍산에서는 1,930년대에 수많은 신석기 시대 유적들이 발굴되었는데 중원의 신석기시대 문화유적인 황하 유역의 앙소문화와는 전혀 다른 문화권으로 밝혀져 '홍산문화'라고 명명하였다.

홍산문화가 발굴된 내몽골 적봉은 발해의 북쪽에 위치한 지역으로 『산해경』에서 말한 발해의 모퉁이에 있었다는 고조선과 겹치는 지역이다. 이곳에서는 빗살무늬 토기, 적석총, 비파형 동검, 치가 있는 석성 등 고조선 고유의 문화유적으로 간주되는 수많은 유물, 유적이 발굴되었다. 오한기傲漢旗는 적봉시 남동부에 위치한 현급 행정구역으로 가위 홍산문화의 보고이다. 소하서, 흥륭와, 조보구, 홍산, 소하연, 하가점하층, 상층 문화 등 홍산문화의 핵심적인 유적들이 발굴된 곳이다.

상고시대의 환국은 대체로 3단계로 나누어 설명할 수 있다고 본다. 첫째는 파미르고원의 환인씨 천산환국시대, 둘째는 바이칼의 환웅씨 배달환국시대, 셋째는 내몽골 적봉의 현도씨 치우 홍산환국시대가 그것이다.

환국은 아시아와 유럽의 중심지 천산에서 환인씨가, 우리말로 하면 밝은 이가 환국의 초석을 놓았고 뒤이어 환웅씨가 태백산 즉 바이칼 사얀산으로 이동하여 환국의 새 역사를 열었으며 현도씨 치우

현왕시대에 이르러 다시 적봉의 홍산으로 강역을 확대하여 환국의 전성기를 맞았다. 따라서 홍산문화는 곧 환국 밝족의 전성기에 피어난 밝달문명의 꽃이라고 말할 수 있는 것이다.

환인씨가 환국의 초석을 놓았던 파미르 천산의 본래 이름은 밝산이고 환웅씨가 환국의 새 시대를 열었던 바이칼 사얀산의 우리말 이름도 밝산이며 현도씨 치우가 환국의 전성기를 맞았던 내몽골 적봉 홍산의 우리말 이름 또한 밝산이다. 밝산은 밝달산이고 환국의 다른 이름은 밝달국으로 밝달은 환국과 밝족을 가리키는 통칭이다. 그러므로 우리민족을 밝달민족, 우리민족의 지도자를 밝달임금, 우리민족이 이룩한 문명을 밝달문명이라 하는 것이다.

발해문명은 밝달문명이고 밝달문명의 꽃인 홍산문화는 발해만 북쪽의 내몽골 적봉시 홍산, 요녕성 건평현建平縣, 능원시凌源市 등 현재의 행정구역상으로 보면 요녕성, 내몽골, 하북성이 만나는 접경지대, 우하량, 동산취 등에 그 대표적인 유적들이 자리잡고 있는데 위치상으로 중국 대륙의 동북방에 해당하는 지역이다.

홍산문화유적은 1,930년대에 발굴이 처음 시작되었으나 1,970년대 말부터 발굴 작업이 본격적으로 추진되었고 1,983년~1,985년에 걸쳐 홍산문화의 전모가 세상에 모습을 드러내면서 온 세계를 깜짝 놀라게 했다. 제단, 여신전, 적석총으로 상징되는 유적과 함께 수많은 토기, 옥기 등이 발굴되었는데 방사성 탄소 측정 결과, 연대가 서기전 3,630년(±110) 경으로 추정되었다.

5,500년전 홍산문화유적의 제단, 여신전, 적석총은 오늘날 중국 수도 북경의 천단, 태묘, 명13릉의 구조를 방불케하는 것으로서 북

경대 소병기 교수를 비롯한 중국의 고고학계에서는 이를 건국전야의 유적으로 평가하였다. 중국은 우하량 유적지 박물관 안내판에 "국가가 되기 위한 모든 조건을 약 5,500년 전에 갖춘 유적지"라 소개하고 있다.

우하량 유적지는 서기전 35세기경에 이 지역에 고대 국가가 존재했었다는 사실을 고고학적으로 입증하고 있다. 그런데 중국인들은 이를 "국가가 되기 위한 조건을 갖춘 건국전야의 유적"으로 평가 절하하고 고대국가의 유적으로 인정하기를 꺼리는 이유가 무엇일까.

거기에는 두 가지 이유가 있다고 본다. 첫째는 그동안 중국의 한족들은 중원을 문명의 발상지, 동북방을 오랑캐의 주거지역이라하여 야만인의 땅으로 멸시해왔는데 중국 최초의 국가가 만리장성 너머 동북방 동이족의 근거지에서 건국되었다는 사실이 고고학적으로 입증이 된다면 중국역사의 주역, 그야말로 문명의 주체가 뒤바뀌는 지각변동이 일어나기 때문이 아닐까.

둘째는 북경대 소병기 교수와 같은 중국의 고고학계를 대표하는 학자들이 홍산문화를 건국전야의 유물로 판명한 중요한 요인은, 중국 문헌상에 이 시기 동북방에 고대국가가 존재했었다는 기록이 나타나지 않는다고 인식했기 때문일 것이다.

그러나 한국의 『삼국유사』나 『삼성기전』에서 인용한 「고기」의 기록에 따르면 발해의 모퉁이에서 건국된 고조선에 앞서 환국이라는 나라가 있었다고 말하였을 뿐만 아니라 중국의 『사기』 오제본기와 『대대례기』에도 상고시대에 동북방에서 발, 식신, 장이가 활동했었다는 내용이 보인다. 이는 북경대 소병기 교수 등의 인식과 달리 상고시대에 만리장성 밖 동북방에서 동이 밝족이 일찍이 국가를 건립하고 활동했었다는 사실을 문헌적으로 뒷받침하는 것이라고 하겠다.

특히 『시경』의 상송 장발편에는 "현왕 환발"이라는 기록이 보이는데 여기서 말하는 현왕은 치우를, 환발은 환국과 밝족을 지칭한 것이며 그 실제 무대가 바로 지금의 내몽골 적봉이었다. 『시경』의 "현왕 환발"은 환국 밝족이 환인씨 천산환국, 환웅씨 바이칼 환국시대를 지나 치우 현왕이 다스리던 홍산환국시대에 이르러 전성기를 맞이하여 찬란한 홍산문화를 꽃피운 사실을 동양의 고대 경전이 입증하는 것이라고 하겠다.

그동안 중국에서는 동북방에서 홍산문화를 발굴했지만 정작 이 문화를 담당한 주역이 누구인지 뚜렸한 인식이 없었다. 저들 중국의 고고학자들이 문헌 상에 5,500년 전에 국가가 건국되었다는 기록이 존재하지 않는다고 믿으면서 이를 건국전야의 유물로 판명한 것은 커다란 오류였다.

중국의 고고학자들은 5,000년전 고조선이 건국되기 이전에 환국이란 나라가 이미 존재했다는 기록이 한국 고대문헌에 나온다는 사실을 알 턱이 없었다. 또한 중국의 『사기』 오제본기와 『대대례기』에 보이는 오제시대에 동북방에서 활동한 밝, 식신, 장이에 대해서도 주목하지 않았다.

그리고 『시경』 상송의 "현왕 환발"은, 바로 상고시대 환국과 밝족의 치우현왕을 가리키는 내용으로서 이는 환국과 밝족의 존재를 중국의 고전인 『시경』이 증명하는 것이라는 사실도 깨닫지 못했다.

그래서 홍산문화를 건국전야의 유적으로 판명하는 오류를 범하게 된 것이다.

제단, 여신전, 적석총으로 상징되는 홍산문화유적은 건국을 입증하는 것으로서 오늘날 북경의 천단, 태묘, 명 13릉과 동일한 구조를 갖추고 있는 것을 본다면 이는 건국전야의 유적이 아니라 환국의 전성기 유적이었던 것이 확실하다.

홍산문화가 발굴되기 이전에는 『사기』 오제본기와 『대대례기』의 동북방 발, 식신 관련 기사나 한국의 『삼국유사』와 『삼성기전』의 환인씨 환국 관련 기록들이 그 실체를 찾을 수 없는 공허한 이야기에 지나지 않았다. 그러나 내몽골 적봉의 홍산문화가 발굴됨으로 인해서 상고시대의 환국과 밝족이 고고학적으로 실증을 얻게 되는 결과를 가져온 것이다.

사실 한국문헌인 『삼국유사』, 『삼성기전』에서 말한 환국의 상고역사는 『시경』의 "현왕 환발"로 뒷받침되기 이전에는 국제적인 공신력을 확보하기가 힘들었다. 그런데 이제 환국과 밝족의 역사는 『시경』이라는 동양의 가장 권위 있는 고전 자료의 "현왕 환발"을 통해 문헌적으로 증명이 되고 『시경』의 환국과 밝족의 역사는 다시 홍산환국의 홍산문화 유적을 통해 고고학적으로 뒷받침이 되는 것이다.

한국의 『삼국유사』와 『삼성기전』에 등장하지만 줄곧 신화 취급을 받으며 선사시대 이야기로 머물러 있었던 환국과 밝족의 역사는 이제 중국 고전 『시경』을 통해서 문헌적으로 입증되고 내몽골 적봉의 홍산문화유적에 의해서 고고학적으로 입증이 된다고 하겠다.

로마가 하루아침에 이루어진 것이 아닌 것처럼 홍산문화도 하루

아침에 만들어진 것이 아니다. 홍산문화는 천산환국, 바이칼환국 시대를 지나서 홍산환국시대에 이르러 전성기를 맞았으며 이는 치우라는 영웅으로 대표되는 문화이다. 홍산문화는 중국의 고고학자들이 말하는 것처럼 건국전야의 유적이 아니라 환인씨 환국이 천산에서 건국되어 바이칼의 환웅씨 환국을 거쳐 내몽골 적봉의 치우 환국시대에 이르러 전성기를 구가하던 환국문화유적인 것이다.

천산에서 출발한 환국은 치우의 홍산환국시대를 정점으로 막을 내리고 발해유역에서 단군왕검이 다시 구이九夷를 통합, 밝조선을 건국하여 새로운 발해조선 시대를 개막하게 되는 것이다. 그런 점에서 천산과 바이칼에서 인류문명의 새벽이 열렸다면 홍산에서 아시아문명의 새로운 서광이 시작되었다고 말할 수 있는 것이다.

내몽골 적봉의 하가점하층문화는 발해조선을 고고학적으로 입증하는 유물이라면 『산해경』에서 "발해의 모퉁이에 나라가 있으니 그 이름을 조선이라 한다."라고 말한 것은 바로 발해조선을 문헌적으로 입증하는 내용인 것이다.

적봉의 홍산환국은 위로는 천산의 환인씨와 바이칼의 환웅씨의 환국을 계승하여 전성기를 맞아 찬란한 홍산문화를 꽃피웠고 아래로는 다시 구이, 즉 동이 9족들의 대통합에 의한 발해조선 연방국가 시대를 열었다고 본다.

홍산문화유적과 『시경』과, 『삼성기전』 등의 기록을 종합적으로 비교검토해 본다면 상고시대의 환국 단계에서는 천산, 바이칼, 내몽골 적봉, 발해유역, 한반도 일대가 하나의 환국 단일문화권을 형성하고 있었다고 하겠다.

저자 심백강

역사학박사 / 민족문화연구원장

서구에서 엘빈토플러가 『제3의 물결』을 외칠 때 『제3의 사상－신자유주의와 제3의 길을 넘어서－』를 썼다. 새천년 인류의 새로운 페러다임을 제시한 동양권의 유일한 저작이다.

『퇴계전서』, 『율곡전서』, 『조선왕조실록』 등 한국의 주요 고전들을 번역한 국내 굴지의 한학자이자 동양학자이다. 『이야기로 배우는 동양사상』, 「불교편」, 「유가편」, 「도가편」은 동양사상의 대중화에 크게 기여했다. 한 학자가 유, 불, 도 삼교사상에 두루 정통하여 이를 각각 한권의 책으로 펴낸 것은 한, 중, 일 삼국을 통틀어 보기 드문 일이다.

『사고전서』는 청나라에서 국력을 기울여 편찬한 근 8만권에 달하는 사료의 보고다. 『사고전서』의 사료적 가치를 국내에 처음 소개하여 한국고대사 연구의 새장을 열었다. 최근에 저술된 『사고전서 사료로 본 한사군의 낙랑』, 『잃어버린 상고사 되찾은 고조선』, 『교과서에서 배우지 못한 우리역사』는 『사고전서』를 바탕으로 강단사학과 재야사학을 넘어 한국 고대사의 체계를 새롭게 세웠다는 평가를 듣는다.

청와대 대통령실, 중앙공무원교육원 고위정책과정, 교육부 한일역사공동위원회, 경기도 교육청, 충남도청, 장성군청, 거제시청, 인간개발연구원, 동북아역사재단, 한국교원대학교, 한국학중앙연구원, 국정원, 국학원 국민강좌, KBS1TV 아침마당, KBS2TV 등에서 특강을 하였다.

한국 상고사

환국

초판1쇄 발행 2021년 12월 30일
초판2쇄 발행 2022년 3월 16일

지은이 심백강
발행인 육일
인 쇄 서울컴
펴낸곳 바른역사
편집 고연 | **표지** 고미자
주 소 서울시 서초구 반포대로23길 13, 5층 L104호
전 화 02-6207-2544, 031-771-2546

가격 18,000원
ISBN 979-11-952842-2-1